Descobrir Jogos Online Grátis

Disponível Aqui:

BestActivityBooks.com/FREEGAMES

5 DICAS PARA COMEÇAR

1) CÓMO RESOLVER LAS SOPA DE LETRAS

Os puzzles têm um formato clássico:

- As palavras estão escondidas sem espaços ou hífenes,...
- Orientação: As palavras podem ser escritas para a frente, para trás, para cima, para baixo ou na diagonal (podem ser invertidas).
- As palavras podem sobrepor-se ou intersectar-se.

2) APRENDIZAGEM ACTIVA

Ao lado de cada palavra há um espaço para anotar a tradução. Para encorajar a aprendizagem activa, um **DICIONÁRIO** no final desta edição permitir-lhe-á verificar e expandir os seus conhecimentos. Procure e anote as traduções, encontre-as no puzzle e adicione-as ao seu vocabulário!

3) MARCAR AS PALAVRAS

Pode inventar o seu próprio sistema de marcação - talvez já use um? Pode também, por exemplo, marcar palavras difíceis de encontrar com uma cruz, palavras favoritas com uma estrela, palavras novas com um triângulo, palavras raras com um diamante, e assim por diante.

4) ESTRUTURANDO A APRENDIZAGEM

Esta edição oferece um **CADERNO DE NOTAS** prático no final do livro. Nas férias, em viagem ou em casa, pode facilmente organizar os seus novos conhecimentos sem a necessidade de um segundo caderno!

5) JÁ TERMINOU TODAS AS GRELHAS?

Nas últimas páginas deste livro, na secção **DESAFIO FINAL**, encontrará um jogo gratuito!

Rápido e fácil! Consulte a nossa colecção de livros de actividades para o seu próximo momento de diversão e **aprendizagem**, a apenas um clique de distância!

Encontre o seu próximo desafio em:

BestActivityBooks.com/MeuProximoLivro

Aos vossos lugares, preparem-se...Vão!

Sabia que existem cerca de 7.000 línguas diferentes no mundo? As palavras são preciosas.

Adoramos línguas e temos trabalhado arduamente para criar livros da mais alta qualidade para si. Os nossos ingredientes?

Uma selecção de tópicos adequados à aprendizagem, três boas porções de entretenimento, e depois acrescentamos uma colherada de palavras difíceis e uma pitada de palavras raras. Servimo-los com amor e máximo divertimento, para que possa resolver os melhores jogos de palavras e se divirta a aprender!

A sua opinião é essencial. Pode participar activamente no sucesso deste livro, deixando-nos um comentário. Gostaríamos de saber o que mais lhe agradou nesta edição.

Aqui está um link rápido para a sua página de encomendas:

BestBooksActivity.com/Avaliacoes50

Obrigado pela vossa ajuda e divirtam-se!

A Equipa Inteira

1 - Dirigindo

```
O I W T B O W Y F D N P A P T J
H P M N W M P B F B Z P K E E F
D A O R H N O V D E Y T J D P E
S M T B A B Z T V M F R D E Z W
N Z O D E L T S O Z U U E S A G
B R R T A E J S I R E C B T Z R
L E C N J N E J K I L K R R A D
Z G Y E T N G U N C A M A I S V
G X C D U U T E R T S K A V B
K V L I J T C Q R P H E E N C Z
H W E C F C A R F G D G S O D Y
C O C C U F J O M Z E K J I N K
X X I A L U A G A R A G E T P S
Y Z L O A B Y R E Q V K S U E M
I W O R S A F E T Y M M T A Y M
K T P U C H X W L E S N E C I L
```

ACCIDENT	MAP
TRUCK	MOTORCYCLE
CAR	MOTOR
FUEL	PEDESTRIAN
CAUTION	DANGER
ROAD	POLICE
BRAKES	STREET
GARAGE	SAFETY
GAS	TRAFFIC
LICENSE	TUNNEL

2 - Antiguidades

```
F  V  I  Y  Q  P  C  K  F  D  G  R  C  B  E  A
U  V  N  B  Q  U  M  E  U  L  A  V  U  G  N  U
R  J  V  P  M  V  A  G  N  O  U  Y  K  A  T  C
N  H  E  C  I  R  P  L  F  T  L  Z  A  L  H  T
I  D  S  N  I  O  C  A  I  W  U  P  X  L  U  I
T  E  T  N  A  G  E  L  E  T  V  R  F  E  S  O
U  C  M  I  T  E  M  K  A  I  Y  S  Y  R  I  N
R  O  E  P  T  F  N  A  E  C  R  T  O  Y  A  H
E  R  N  A  N  F  F  R  R  V  L  Y  P  F  S  S
C  A  T  S  P  Q  E  U  U  T  G  L  E  L  T  X
O  T  C  I  T  N  E  H  T  U  A  E  N  B  B  H
H  I  A  S  J  A  M  T  P  S  A  V  W  I  S  Z
O  V  C  Q  Z  Y  B  F  L  A  U  S  U  N  U  X
F  E  S  Z  Z  B  V  X  U  P  X  S  X  Z  T  V
R  D  V  V  Q  A  P  B  C  I  M  C  O  C  S  I
N  O  I  T  A  R  O  T  S  E  R  G  F  J  E  C
```

ART	ITEM
AUTHENTIC	AUCTION
DECORATIVE	FURNITURE
ELEGANT	COINS
ENTHUSIAST	PRICE
SCULPTURE	QUALITY
STYLE	RESTORATION
GALLERY	CENTURY
UNUSUAL	VALUE
INVESTMENT	OLD

3 - Churrascos

```
D E C M R H O T F C K R S W P L
W B T Z L I V J A A E N S J M U
S A L A D S N J X C M H I Y F N
E M S C V H E V P I G I J V F C
O U A H E U K F I Z E B L J E H
T S L I G N C A P T X M U Y C S
A I T L E G I S P I A M W A U C
M C S D T E H E A U B T D I A D
O R U R A R C R R R V T I T S I
T U M E B E L P P F O Q K O M N
J T M N L P X J G A M E S G N N
A Y E V E P K F D Q D Q Y R N E
M I R T S E S X D W J Y D I V R
H I Z I B P F B S A Z N A L B C
N D T Y H D K L W E Y H M L W Z
O T R T T P N N X N B N P K G R
```

LUNCH	GAMES
INVITATION	VEGETABLES
CHILDREN	SAUCE
KNIVES	MUSIC
FAMILY	PEPPER
HUNGER	HOT
CHICKEN	SALT
FRUIT	SALADS
GRILL	TOMATOES
DINNER	SUMMER

4 - Geologia

```
S  E  Z  D  F  Q  N  V  N  C  Z  V  M  J  S  P
T  G  N  K  H  U  H  K  N  I  O  N  G  D  T  L
A  G  Y  S  L  A  R  E  N  I  M  R  B  R  A  A
L  E  I  H  T  R  E  S  K  D  U  E  A  A  L  T
A  N  A  T  Y  T  Y  K  I  Y  I  V  A  N  L  E
G  O  H  R  W  Z  A  V  O  L  C  A  N  O  C  A
M  Z  E  Q  T  U  L  C  A  H  L  C  E  S  T  U
I  L  T  A  Y  H  H  U  I  T  A  O  R  T  I  A
T  B  X  G  N  P  Q  S  Q  D  C  O  O  O  T  D
E  T  Q  J  B  A  J  U  X  T  Z  V  S  N  E  F
S  L  A  T  S  Y  R  C  A  T  N  F  I  E  V  O
K  K  V  Q  H  Q  N  X  L  K  W  T  O  S  W  S
C  O  N  T  I  N  E  N  T  V  E  J  N  U  G  S
J  Z  C  G  O  U  I  S  A  W  N  Q  M  H  X  I
S  A  L  T  K  W  O  R  Z  K  R  C  I  F  X  L
R  U  F  O  W  L  O  B  L  L  A  V  A  X  G  B
```

ACID	FOSSIL
LAYER	LAVA
CAVERN	MINERALS
CALCIUM	STONE
CONTINENT	PLATEAU
CORAL	QUARTZ
CRYSTALS	SALT
EROSION	EARTHQUAKE
STALACTITE	VOLCANO
STALAGMITES	ZONE

5 - Ética

```
D H I Y T I R G E T N I C X G Y
I M Y M G V E K Z I E X O M U P
P K T Z C G A F X C S C M Z M B
L H S U E M S I L A E R P X B A
O E E M H C O V I D F Y A E T D
M C N B F L N J A G U M S R E R
A N O S Q E A E D S I B S E K A
T A H O P A B T I Q X L I S I T
I R U D P E L E J T U O O P N I
C E M K I E E F B U A Y N E D O
Y L A W R G R X Q J X P D C N N
J O N C G Q N A R X R K J T E A
N T I O K V K I T O H D T F S L
J I T K K U W N T I N M H U S I
I D Y W I S D O M Y O S D L Y T
O P T I M I S M D Z T N U O Z Y
```

KINDNESS
COMPASSION
COOPERATION
DIGNITY
DIPLOMATIC
HONESTY
HUMANITY
INTEGRITY

OPTIMISM
PATIENCE
RATIONALITY
REASONABLE
REALISM
RESPECTFUL
WISDOM
TOLERANCE

6 - Tempo

```
V N V G A Z D M X I H H P W Q W
I O T K K L Y V O M O N T H T U
H O M H S M E T E R O F E B O P
N N H O U R D H U A N I O Y D C
I L J L Z Y E T D E L I B Q A L
G T K I O F C F X Y L W N W Y O
H Q Q Q I L A U N N A P R G A C
T N W O J H D C E N T U R Y D K
P F Y W W L E A Y N Z O A N R M
P V N W K E Q M Q I O N L C E O
F U T U R E E X Y E B W S T T M
U U I B R D P K H S L V R K S E
V C A L E N D A R D W K S I E N
V F M I N U T E V A M S C F Y T
T S N W Y T W B M Y S I C Y M U
C M P I B O E P K O O U Y G P C
```

NOW	MORNING
YEAR	NOON
BEFORE	MONTH
ANNUAL	MINUTE
CALENDAR	MOMENT
DECADE	NIGHT
DAY	YESTERDAY
FUTURE	CLOCK
TODAY	WEEK
HOUR	CENTURY

7 - Astronomia

```
U R X N Y Z P D G O V R C K V S
L A F L L R L D E S D A O S Y M
Z V Y K B Z Y Z N N V D S O R M
C O J D Q G O K I D O I M L O E
H N I W M T N Z Y E S A O A T T
U R E M O N O R T S A T S R A E
L E F A H Q Q G I P G I I N V O
A P X L R D H Z V I I O X R R R
S U F U V T E N A L P N Y X E C
T S C B W M H G R C U F N X S M
E S R E V I N U G E U W N O B G
R D D N O I T A L L E T S N O C
O A S T R O N A U T O Z N I E M
I H K J Z Z P R O C K E T U J L
D U J S N X H N V M R Q B Q L E
F Z K S K Y P R B R S E P E P V
```

ASTEROID
ASTRONAUT
ASTRONOMER
SKY
CONSTELLATION
COSMOS
ECLIPSE
EQUINOX
ROCKET
GRAVITY

MOON
METEOR
NEBULA
OBSERVATORY
PLANET
RADIATION
SOLAR
SUPERNOVA
EARTH
UNIVERSE

8 - Acampamento

```
A E R C L R P A P N A T U R E M
I N O O M B J L D D J N R G K O
Y N I G X F Y M E V I E V Q A U
H G S M E W K H Q M V T L F L N
A O S E A C G F G F K X F E D T
G K H D C L R O P E P X O Y E A
G B L U T T S T R E E S R F C I
O M A P N O O A J R W S E H K N
F I R E E T L H B U D A S N Y Y
B R S I M Y I T T T V P T W G N
V B T O P D U N M N D M L E O L
P X Q P I O D N G E W O Q C B K
T F T V U E K G S V P C D C D Y
C V T E Q U R K E D C A B I N F
D P X D E B E L P A X N J Z H Q
C A N O E H A M M O C K G Q M Z
```

ANIMALS	FOREST
ADVENTURE	FIRE
TREES	INSECT
COMPASS	LAKE
CABIN	MOON
HUNTING	HAMMOCK
CANOE	MAP
HAT	MOUNTAIN
ROPE	NATURE
EQUIPMENT	TENT

9 - Ficção Científica

```
D R U J I A N B D V L L A G T A
E R I F A T I M A G I N A R Y K
L X Q U M O U N U G N W D R Q N
C C P W E M W T R I Y E Y B J B
A A L L C I D S P C G D S M O A
R D T O O C S U O I R E T S Y M
O H N I S S T G L T I L O T X C
I N A N T O I I C S L H P O A M
E X T R E M E O L I L V I B L W
Y U S W O R L D N R U R A O A M
U B I I M I W O W U S L V R G X
Q Z D R G U M Z U T I Q F T B K
P L A N E T S W A U O H S H V Z
U T O P I A R D G F N L O H A T
C I N E M A L F A N T A S T I C
B O O K S M T E C H N O L O G Y
```

ATOMIC
CINEMA
DISTANT
DYSTOPIA
EXPLOSION
EXTREME
FANTASTIC
FIRE
FUTURISTIC
GALAXY

ILLUSION
IMAGINARY
BOOKS
MYSTERIOUS
WORLD
ORACLE
PLANET
ROBOTS
TECHNOLOGY
UTOPIA

10 - Mitologia

```
X K M L I G H T N I N G B J J L
U H O R E H C M A G I C A L E A
M E N O I T A E R C A S V A A B
L U S H Z Z M Z Y O K E X T L Y
P H T N E V C L E Z I E I R O R
P J E R H R X Z G Q M R Y O U I
D H R C L J O H G V M U R M S N
G I E O R D P I Y T O T B A Y T
J H S L G O X W N X R A E R W H
H P V A S A K J E E T E H A A T
P H I D S A Z J V G A R A S Q G
U X J X H T U F X N L C V A H N
L E G E N D E Q Q E I V I S B E
C U L T U R E R O V T H O Y N R
A R C H E T Y P E E Y D R O E T
T H U N D E R P P R H G H O T S
```

ARCHETYPE
JEALOUSY
BEHAVIOR
CREATION
CREATURE
CULTURE
DISASTER
STRENGTH
WARRIOR
HEROINE

HERO
IMMORTALITY
LABYRINTH
LEGEND
MAGICAL
MONSTER
MORTAL
LIGHTNING
THUNDER
REVENGE

11 - Medições

```
D H M C C A T V Z W M A S S C K
M E V O L U M E V C E T Y B I I
L C P P J A M R F W H I O W C L
Y D R T L I T E R W A U G K M O
M J C T H Z A L I G R A M H Z G
A C G Y R N M X V W E A V Q T R
D E G R E E H T O N T R K H H A
Q E U I N C H K M W E W P F G M
M I N U T E T C K D M O E M I F
X Z F W L U G L B L O N U T E S
J K W V B O N Z B A L O S N H K
W I D T H R E T E M I T N E C X
M E T E R Y L L D I K U T I I E
W P C C B J A I E C Z G W T R S
Q N H E R C F Q N E Y B L T G V
A E J S Y P V O D D V O Q W I M
```

HEIGHT
BYTE
CENTIMETER
LENGTH
DECIMAL
GRAM
DEGREE
WIDTH
LITER
MASS

METER
MINUTE
OUNCE
WEIGHT
INCH
DEPTH
KILOGRAM
KILOMETER
TON
VOLUME

12 - Álgebra

```
A V Y H S T R Q D O Q S D U P P
S Y W I O Y J S U E D Z I C R A
L N U M B E R O V A R S A O O R
K K G S Q S O L A L N T N C B E
S L R I R L T U R U O T O N L N
E U L E T A C T I M I N I P E T
S M M I E F A I A R T E T T M H
I A A I N J F O B O A N C L Y E
M R V I P E F N L F U O A L H S
P G I G Z C A H E P Q P R J G I
L A W O X L O R P U E X F E I S
I I N F I N I T E Q M E M Q W M
F D S E E S U B T R A C T I O N
Y A F D I Q G X X A W O J S R U
M A T R I X E G N N G D R L E G
P J F B F W L Q D I F P I W Z P
```

DIAGRAM	NUMBER
EQUATION	PARENTHESIS
EXPONENT	PROBLEM
FALSE	QUANTITY
FACTOR	SIMPLIFY
FORMULA	SOLUTION
FRACTION	SUM
INFINITE	SUBTRACTION
LINEAR	VARIABLE
MATRIX	ZERO

13 - Plantas

```
Q X M A N I Q S X U T X L Y Q S
Q I G C E D Q P E L L F C D T F
B R E H I T D O M W Q L W O R G
O U K C N I E D U F S O D C O T
Y C S D J J R W P P I W R O O I
V T S H S Y J L L V Q E C P T O
Y N A T O B U T V K B R Q A R Z
J I R W M O S S U T C A C Z W Q
H C G Q G B O L J T L R M X T T
V E G E T A T I O N T O W B P G
F O R E S T J A I W B L F B O C
V I A I L I N Y L V X F E M O O
F O L I A G E E R T Y R R E B U
K R G F T F E R T I L I Z E R U
A T W N E D R A G X V F E L V Q
Q A F A P R P B E A N H J O O H
```

BUSH
TREE
BERRY
BAMBOO
BOTANY
CACTUS
HERB
BEAN
FERTILIZER
FLOWER

FLORA
FOREST
FOLIAGE
GRASS
IVY
GARDEN
MOSS
PETAL
ROOT
VEGETATION

14 - Veículos

```
S O C S O H E O M C Y E J M W L
U C O J Y Z C F V B S C E T C Q
B T O B V R D I H G F C M L N F
B C K O S Q M R W Y R R E F W B
O S B J T D K E A Q A A K F F Q
A A U D Z E S L W Z F D C M M H
T M C B B T R W E L T T U H S E
E B S J M Q W R O T C A R T Z L
K U B E N A L P R I A F T A O I
C L E N A J R X T I R E S X O C
O A J H V V N I W G W L N I H O
R N U J A A Y Z N Q G C C P A P
U C R K R Y O B Z E X Y J F P T
Y E S U A S U B W A Y C V Z Q E
Q R L P C Y K G O Z U I G I W R
M O T O R P H W J V A B M T X T
```

AMBULANCE   RAFT
AIRPLANE   SCOOTER
FERRY   SUBWAY
BOAT   MOTOR
BICYCLE   BUS
TRUCK   TIRES
CARAVAN   SUBMARINE
CAR   TAXI
ROCKET   SHUTTLE
HELICOPTER   TRACTOR

15 - Engenharia

```
I  K  G  Y  D  T  K  H  Z  J  Y  B  V  Y  I  E
M  Q  H  S  E  I  Y  T  I  L  I  B  A  T  S  R
P  A  Z  M  R  R  M  P  A  Q  L  R  D  L  D  U
M  O  C  I  Y  H  R  E  T  E  M  A  I  D  I  T
P  K  P  H  J  W  D  D  N  B  N  Q  E  A  S  C
K  O  N  R  I  P  K  K  O  S  O  R  S  D  T  U
A  N  G  L  E  N  J  K  I  I  I  F  E  V  R  R
B  R  K  P  E  C  E  E  T  X  T  O  L  L  I  T
U  I  V  Q  U  H  S  H  A  A  C  F  N  Y  B  S
K  L  N  E  X  D  J  D  L  X  U  R  U  S  U  T
F  V  I  J  N  N  C  I  U  E  R  I  E  Q  T  R
I  X  X  Q  I  M  Q  A  C  W  T  C  D  X  I  E
Q  F  I  U  U  M  O  G  L  S  S  T  C  X  O  N
Z  D  B  N  R  I  W  R  A  U  N  I  T  X  N  G
M  O  T  O  R  E  D  A  C  W  O  O  L  J  D  T
E  N  E  R  G  Y  U  M  Q  M  C  N  V  C  I  H
```

FRICTION   AXIS
ANGLE   ENERGY
CALCULATION   STABILITY
CONSTRUCTION   STRUCTURE
DIAGRAM   STRENGTH
DIAMETER   LIQUID
DIESEL   MACHINE
DIMENSIONS   MOTOR
DISTRIBUTION   DEPTH

16 - Restaurante # 2

```
B E V E R A G E K L Q A F O S I
W A T E R E T I A W H M Z X E S
S R S I C G T F P C I X I C E J
E M H Q U F F S P O O N E K Z A
U E Y S B R H E H F O R K Q C L
E T Z U A G F C X V F O V Y G W
C C F O A F B I D S X I D L C V
C S Y I N I K P P J Q J C S P O
M C L C E S J S Z V N D H A N Z
N U I I H H Y H P C J I A L S H
U O P L C X H U S Y S N I T A P
S U O E N E K A C X Z N R C L P
M K Q D U S I X C J W E F F A K
R A D H L L J R O J X R H Y D E
S O U P R E Z I T E P P A P D S
K P Z J X M S E L B A T E G E V
```

LUNCH   WAITER
APPETIZER   FORK
WATER   ICE
BEVERAGE   DINNER
CAKE   VEGETABLES
CHAIR   NOODLES
SPOON   FISH
DELICIOUS   SALT
SPICES   SALAD
FRUIT   SOUP

17 - Países #2

```
M D I I X P V N C A P B M I P G
W E N Y L A A I L A M O S R J L
O F X E B W C K D J Y V G E I E
T Z L I S E I T I A H I L R B
V I P Y C E A C H S A F F A U A
I L A O S O M W X G T C I N S N
F N F P E P A A L Q F A A D S O
R A D X G Y J N E P A L N U I N
A P D O C I H S C D U L D V A H
N A K W N A L B A N I A Q I D M
C J O J Z E N I A R K U O B N V
E I K B W C S H Y M Q G H J A T
N G A I R E G I N R S S M L G L
S Y R I A E J L A W P G J X U Y
K G G D K R A M N E D N X A L R
K W K F F G B A K G Y V N W V T
```

ALBANIA
DENMARK
FRANCE
GREECE
HAITI
INDONESIA
IRELAND
JAMAICA
JAPAN
LAOS

LEBANON
MEXICO
NEPAL
NIGERIA
PAKISTAN
RUSSIA
SYRIA
SOMALIA
UKRAINE
UGANDA

18 - Cozinha

```
N C C O W E J Q X J K P R S N V
S M K Z I T U V J R Z Y D P G S
R O T A R E G I R F E R Y O F I
K E Y M M L T S P I C E S N O L
T C E D I T I F C O N A K G R P
F K M Q D T O K G O S D C E K B
G M N R F E A X P W R Z I I S E
D B D I N K N A P K I N T H L B
D S I G V D V L L I R G S M N O
A P R O N E V O K T E B P R I W
E T P R G E S P U C C O O Y J L
F D O G M Q D N G X I C H N A Y
Z F H E L D A L O P P K C J R A
Z L B G A B T V A O E F B K M P
M L T P J T H P P A P I E C Z W
F R E E Z E R C T K Y S C R G O
```

APRON	FREEZER
KETTLE	FORKS
SPOONS	REFRIGERATOR
TO EAT	GRILL
LADLE	NAPKIN
CUPS	JAR
SPICES	JUG
SPONGE	CHOPSTICKS
KNIVES	RECIPE
OVEN	BOWL

19 - Material de Arte

```
A C R Y L I C C G L U E L B A T
G S E H S U R B O A Y M I X P W
K Q T G C H D H K L E V O U H A
T O A X A E A S E L O Y P X X T
W Y W W M O M H Z A O R Y K A E
A G Q H E W F G B K P E S P R R
T G B O R L B H H C A S L W Y C
W V R F A S S F U L I A I D P O
J C H A R C O A L A N R C P D L
H P A P E R C Y T Y T E N D D O
O K B K C L G M K P S X E W T R
P X X O N U U E X Y H C P T F S
C R E A T I V I T Y J O H V U K
Q Z U R R F E V N F I D Q A O C
H T T E R P Y P S O C L E Y I C
C U H J P A S T E L S V P E I R
```

ACRYLIC
ERASER
WATERCOLORS
CLAY
WATER
CHAIR
CHARCOAL
EASEL
CAMERA
GLUE

COLORS
CREATIVITY
BRUSHES
PENCILS
TABLE
OIL
PAPER
PASTELS
INK
PAINTS

20 - Números

```
V P F L K L X S Y D P H E S N A
F I F T E E N I U G E M I E M G
G Q L L N N Z X N I N E G V E W
F N T W O R E Z X O C N H E F M
Y E U E M C T W E L V E T N F T
T E N A J B X S Q S T E E T A G
N T M M M W T I L C H T E E C W
E R Y S D D R G G F R R N E K A
W I S I X T E E N N E U N N T W
T H G I G Q I H I X E O O D A L
B T J H G L K L N U T F L F T A
T T E E T F B W A E O C F D U T
O Y E T F C T G O J O T A X P B
J G B I X O F Y K H A O N E T E
D E C I M A L F F F I V E V M E
S E V E N T K C E X H A U Z R P
```

FIVE	FOURTEEN
DECIMAL	FOUR
TEN	FIFTEEN
SIXTEEN	SIX
SEVENTEEN	SEVEN
EIGHTEEN	THIRTEEN
TWO	THREE
TWELVE	ONE
NINE	TWENTY
EIGHT	ZERO

21 - Física

```
I  Q  N  A  F  E  L  E  C  T  R  O  N  V  C  P
J  B  Z  T  N  O  I  T  A  R  E  L  E  C  C  A
S  X  C  O  J  Q  R  R  P  B  Y  F  O  P  U  R
L  V  H  M  F  Z  S  M  O  A  C  F  K  R  N  T
M  Y  T  A  D  F  C  F  U  V  R  G  O  Y  I  I
H  E  L  U  C  E  L  O  M  L  V  Y  B  C  V  C
U  G  C  F  R  L  M  M  Q  N  A  O  F  H  E  L
F  A  Z  H  F  R  E  Q  U  E  N  C  Y  A  R  E
U  S  O  V  A  X  Y  O  O  N  G  X  T  O  S  R
N  Z  K  I  J  N  T  Y  G  I  W  M  I  S  A  T
Z  U  C  W  Z  I  I  N  P  G  E  G  S  S  L  W
Y  G  C  G  J  N  V  C  U  N  W  Z  N  A  H  M
T  D  B  L  W  R  A  W  S  E  T  W  E  M  K  B
E  A  Q  U  E  H  R  G  R  W  Z  C  D  Q  R  M
D  O  M  K  Y  A  G  M  A  G  N  E  T  I  S  M
F  B  X  X  E  J  R  J  C  H  E  M  I  C  A  L
```

ACCELERATION	MAGNETISM
ATOM	MASS
CHAOS	MECHANICS
DENSITY	MOLECULE
ELECTRON	ENGINE
FORMULA	NUCLEAR
FREQUENCY	PARTICLE
GAS	CHEMICAL
GRAVITY	UNIVERSAL

22 - Especiarias

```
A N I S E R P Y W C D Q Z G G S
K L M Q G S T S E A N K J Z U W
E I X M R K R I G R K B H F W E
P C L E N N E F S D P R F R O E
D O Z G E M T U N A F E L T B T
H R E W F L T H O M P D P X I L
C I G A R L I C R O I N S P X A
U C N W S X B G F M V A A R E S
M E C O U B P D F A X I J T T R
I V A N I L L A A E Y R R U C O
N O M A N N I C S B N O V K H V
E G N O M X O C X D L C V W H A
M O C F C R T P Y I F U U S H L
B E U U N N G J C Q N D M M Z F
S S D B F P H G I N G E R U O S
K I P E B P S V S H C Y K P X Q
```

SAFFRON	ONION
LICORICE	CORIANDER
GARLIC	CUMIN
BITTER	SWEET
ANISE	FENNEL
SOUR	GINGER
VANILLA	NUTMEG
CINNAMON	PEPPER
CARDAMOM	FLAVOR
CURRY	SALT

23 - Países #1

```
E C U A D O R N I A P S G A V E
E I S E O A P I F Q Q I I S S N
P R S E Y T A C K N E T W B A U
L O H R C I Q A R I G A C V V W
E C L Q A K P R K N Y L X E U E
O C I A Y E N A P P Y V N O L
C O Z O N K L G A H T Z N E M C
I R A W A D S U N I F C L Z X P
I O R T M C L A A E Y P S U J H
B M B L R T L X M T D A E E G R
I U Y F E L Y Y A W R O N L D I
H N O C G M A L I H M D E A M U
K L D C A M B O D I A Q G J B V
F H B I C A N A D A T C A Q U T
J G D N A L N I F F V C L F B Y
J U D W D G F J M D V G O Z H A
```

GERMANY
BRAZIL
CAMBODIA
CANADA
EGYPT
ECUADOR
SPAIN
FINLAND
IRAQ
ISRAEL

ITALY
INDIA
MALI
MOROCCO
NICARAGUA
NORWAY
PANAMA
POLAND
SENEGAL
VENEZUELA

24 - A Mídia

```
O  I  J  H  V  R  P  V  P  S  Z  V  J  N  C  L
H  F  L  B  R  B  B  H  U  J  T  G  M  E  O  O
V  X  A  V  O  S  S  G  O  K  N  H  W  T  M  C
E  D  U  C  A  T  I  O  N  T  D  D  Y  W  M  A
C  R  T  T  A  C  M  F  I  I  O  H  R  O  U  L
O  A  C  G  L  A  T  I  G  I  D  S  T  R  N  A
M  D  E  J  V  F  R  L  O  I  J  N  S  K  I  U
M  I  L  O  A  O  P  I  N  I  O  N  U  N  C  D
E  O  L  N  T  E  D  I  T  I  O  N  D  F  A  I
R  N  E  L  T  K  I  L  P  V  Q  P  N  P  T  V
C  S  T  I  I  I  J  J  K  U  C  H  I  B  I  I
I  W  N  N  T  O  K  O  N  B  K  Z  E  O  D
A  N  I  E  U  L  H  N  T  K  G  L  O  U  N  N
L  Z  R  M  D  G  Z  H  D  L  T  G  I  I  U  I
R  F  Z  Z  E  G  H  E  X  L  J  J  S  C  T  C
G  U  B  Z  S  R  E  P  A  P  S  W  E  N  U  N
```

ATTITUDES	INDUSTRY
COMMERCIAL	INTELLECTUAL
COMMUNICATION	NEWSPAPERS
DIGITAL	LOCAL
EDITION	ONLINE
EDUCATION	OPINION
FACTS	PUBLIC
FUNDING	RADIO
PHOTOS	NETWORK
INDIVIDUAL	

25 - Casa

```
W R W Q C O Q G L D M O O R B I
C R O O M E G A R A G I R L A J
C I D M D C I O G S L C R C W F
Z D N S I A N L L A W G X R Y V
G E I A U L L H I J U I X N O S
Y H W L T P I N K N X C G U D R
S O X I V E C N E F G L J H M H
X C V B O R C U R T A I N S X U
H V S R G I A D K N G Q J N A J
R A B A I F G A R D E N V E L F
V H R R A T T I C R E W O H S F
M U Y Y Z V V B E U O B P C Y A
D P U J J U A Q P G E O U T E U
F U R N I T U R E K Z H D I K C
G H L E A H U O J P D V X K F E
D H T U U K T Y B I I W L W E T
```

LIBRARY	FIREPLACE
FENCE	FURNITURE
KEYS	WALL
SHOWER	DOOR
CURTAINS	ROOM
KITCHEN	ATTIC
MIRROR	RUG
GARAGE	CEILING
WINDOW	FAUCET
GARDEN	BROOM

26 - Vegetais

```
J  U  E  P  N  Z  U  K  Y  J  N  K  I  A  P  D
L  B  L  S  M  E  C  K  C  E  L  E  R  Y  O  U
Y  K  X  S  B  C  C  F  T  U  L  I  Z  V  Y  Z
B  R  O  C  C  O  L  I  H  D  Q  S  D  F  G  F
P  O  T  A  T  O  X  U  U  K  T  O  R  R  A  C
A  R  T  I  C  H  O  K  E  Q  W  B  B  A  F  K
Q  U  A  X  C  O  H  M  T  U  R  N  I  P  P  C
B  N  V  H  Y  K  N  O  P  U  M  P  K  I  N  Q
G  S  L  U  T  D  O  P  S  P  I  N  A  C  H
F  A  H  S  I  D  A  R  E  B  M  U  C  U  C  T
L  S  R  A  D  W  L  H  A  F  Y  H  T  K  X  O
O  E  U  L  L  A  A  S  W  K  K  G  X  O  Y  M
M  A  E  F  I  L  S  U  L  Y  Q  J  G  L  H  A
Y  D  X  G  L  C  O  M  V  N  D  J  Q  H  Q  T
G  I  N  G  E  R  X  T  N  A  L  P  G  G  E  O
O  N  I  O  N  V  P  L  M  G  Z  T  U  I  S  H
```

PUMPKIN	MUSHROOM
CELERY	PEA
ARTICHOKE	SPINACH
GARLIC	GINGER
POTATO	TURNIP
EGGPLANT	CUCUMBER
BROCCOLI	RADISH
ONION	SALAD
CARROT	PARSLEY
SHALLOT	TOMATO

27 - Balé

```
T  B  U  O  N  A  G  P  Z  F  V  T  S  I  Y  O
C  A  K  Q  I  R  Y  E  R  O  H  X  N  L  H  J
D  L  H  U  I  T  F  C  S  A  T  N  U  J  P  B
Q  L  J  Z  X  I  M  N  H  T  C  L  J  A  A  V
G  E  K  D  B  S  G  E  W  N  U  T  I  F  R  E
E  R  B  F  D  T  T  I  O  T  D  R  I  F  G  J
X  I  K  W  L  I  N  D  S  O  L  O  E  C  O  C
P  N  Z  L  A  C  K  U  Z  P  U  T  U  K  E  A
R  A  M  N  S  P  Y  A  S  O  P  D  Q  L  R  P
E  Q  W  G  R  A  C  E  F  U  L  C  I  L  O  P
S  R  Q  A  A  Y  T  I  S  N  E  T  N  I  H  L
S  B  T  M  E  L  Y  T  S  K  S  O  H  K  C  A
I  P  J  M  H  T  Y  H  R  U  P  W  C  S  E  U
V  O  F  U  E  R  Q  U  K  K  M  P  E  X  C  S
E  A  Q  W  R  E  S  O  P  M  O  C  T  I  A  E
O  R  C  H  E  S  T  R  A  D  A  N  C  E  R  S
```

APPLAUSE
ARTISTIC
BALLERINA
COMPOSER
CHOREOGRAPHY
DANCERS
REHEARSAL
STYLE
EXPRESSIVE
GESTURE

GRACEFUL
SKILL
INTENSITY
MUSIC
ORCHESTRA
PRACTICE
AUDIENCE
RHYTHM
SOLO
TECHNIQUE

28 - Adjetivos #1

```
A  S  I  I  W  I  Y  V  A  E  H  I  A  F  F  J
T  E  H  H  Y  M  W  G  R  O  G  N  B  L  F  O
T  G  C  Z  N  P  C  U  T  L  E  U  O  A  L  V
R  U  I  Z  X  O  T  O  I  H  T  W  H  R  N  L
A  L  T  K  T  R  X  G  S  M  U  B  N  G  Q  V
C  D  A  R  K  T  X  Y  T  W  L  P  W  E  N  P
T  P  M  C  C  A  S  J  I  M  O  D  E  R  N  E
I  L  O  F  I  N  Z  E  C  A  S  U  Q  G  H  R
V  L  R  E  T  T  B  O  R  C  B  N  S  E  O  F
E  E  A  P  O  D  N  R  H  I  A  K  X  N  N  E
T  H  I  N  X  J  L  E  S  H  O  Z  P  E  E  C
S  L  O  W  E  M  Q  W  D  B  R  U  E  R  S  T
V  A  L  U  A  B  L  E  V  I  O  Y  S  O  T  O
G  T  X  Y  I  N  K  E  C  Y  K  N  U  U  B  X
R  R  E  J  A  Y  S  U  O  I  R  E  T  S  Y  M
B  R  B  T  Y  I  J  A  B  H  O  P  G  B  H  I
```

ABSOLUTE	HONEST
AROMATIC	IDENTICAL
ARTISTIC	IMPORTANT
ATTRACTIVE	SLOW
HUGE	MYSTERIOUS
DARK	MODERN
EXOTIC	PERFECT
THIN	HEAVY
GENEROUS	SERIOUS
LARGE	VALUABLE

29 - Psicologia

```
B C S C A X O F E N T A P J P U
E L E A O T E Q G L H S E C E N
H I C G W N U Q X W E S R H R C
A N N E O E F U Y D R E S I C O
V I E M T M W L T H A S O L E N
I C U O H T K W I G P S N D P S
O A L T O N T I L C Y M A H T C
R L F I U I M E A L T E L O I I
L O N O G O E C E U S N I O O O
S F I N H P E F R E Q T T D N U
V Z T S T P D R E A M S Y K Y S
W L M P S A S E N S A T I O N H
P R O B L E M X Y Z T M V P K U
W Z D D E X P E R I E N C E S H
S U B C O N S C I O U S Y O E X
M U U R M J R Y G R Q L C N V M
```

ASSESSMENT   INFLUENCES
CLINICAL   THOUGHTS
BEHAVIOR   PERCEPTION
APPOINTMENT   PERSONALITY
CONFLICT   PROBLEM
EGO   REALITY
EMOTIONS   SENSATION
EXPERIENCES   DREAMS
UNCONSCIOUS   SUBCONSCIOUS
CHILDHOOD   THERAPY

30 - Paisagens

```
S A A B P A G F H S Q W I E Z W
V Q Y E L L A V U E Q A L C P K
T W Q A R D N U T A N T H A E Z
F R X C N S K O B L C E P H N I
B F Q H I C E B E R G R F C I M
S X N G U L F R H E V F U Q N U
N W I Q W O C E A N O A R Y S R
G U A J X A V I L V L L E H U X
F X T M G X S C M E C L V V L C
M Z N B P C I A Y O A S I S A O
V S U P D N A L S I N D R H G C
C V O S F E H G H P O O A X A Y
A U M I G K S C M C Y P S G Q S
P G Y T K A V E E J E G W C U N
H Y O X L L I H R L B H B P Q B
A E K L W Z I K N T B C I U P U
```

WATERFALL   MOUNTAIN
CAVE   OASIS
HILL   OCEAN
DESERT   SWAMP
GLACIER   PENINSULA
GULF   BEACH
ICEBERG   RIVER
ISLAND   TUNDRA
LAKE   VALLEY
SEA   VOLCANO

31 - Dança

```
T C C E K M P E M O T I O N R B
R U H X X L M A M P R L Z V U G
A L O P Z P U V R L A U S I V R
D T R R P O J P U T B O D Y F H
I U E E C A R G I U N B E O Z Y
T R O S V L M V A W X E K N U T
I A G S L A A O I W B F R H D H
O L R I B S U S V J O Y F U L M
N M A V U R K B S E R U T L U C
A U P E K A J I A I M S B N Z I
L S H H Q E R Y K W C E Z L R B
Y I Y A O H S G H J Q A N E E A
A C L P Z E X V N J X L L T Z X
P M T F V R A C A D E M Y T Q V
P O S T U R E U V D J B S V V I
T S K W B H X Y G W O Y L X H G
```

ACADEMY
JOYFUL
ART
CLASSICAL
CHOREOGRAPHY
BODY
CULTURE
CULTURAL
EMOTION
REHEARSAL

EXPRESSIVE
GRACE
MOVEMENT
MUSIC
PARTNER
POSTURE
RHYTHM
JUMP
TRADITIONAL
VISUAL

32 - Nutrição

```
C P U D D M Z Y N S K M P P A V
F A V N N I M A T I V C I Q J P
T E R N T P G A T G U H E X O F
Q C R B X J H E L B I D E Z Z J
U U F M O H F T S D I U Q I L O
A A L Y E H Y T U T B I T T E R
L S A S C N Y Y Q E I G U C H P
I Y V T L L T D N I X O T A E R
T J O Q R Z N A R D N M N L A O
Y X R R N S U B T A V V T O L T
H E A L T H T S Q I T B W R T E
W E I G H T R J L Q O E I I H I
V N C M L O I E T S I N S E Y N
P Y J E W U E S F X L Z E S D S
X X O P M P N X B A L A N C E D
L A Y H I E T I T E P P A M V Q
```

BITTER
APPETITE
CALORIES
CARBOHYDRATES
EDIBLE
DIET
DIGESTION
BALANCED
FERMENTATION
LIQUIDS

SAUCE
NUTRIENT
WEIGHT
PROTEINS
QUALITY
FLAVOR
HEALTHY
HEALTH
TOXIN
VITAMIN

33 - Energia

```
D Y R E T T A B G Y P O R T N E
T I R E N I L O S A G H J O L R
A Y A Z N L O S T O M E O G O X
P T X Z E E N U W K R L A T E B
C A R B O N W N B Z O E U N O V
I H E A T K F A U L I C D E F N
R H X G A E W X B R O T O M K V
T H Y D R O G E N L S R E N B F
C D N I W S A G C Z E O N O A J
E N I B R U T K U F K N U R A G
L Y I E F S B K P U O N C I Z W
E Y R T S U D N I T C Y L V P N
Q Q Z R Y E F U E L L I E N M K
I D T J U O L J X K T D A E K R
P O L L U T I O N P G Z R O X X
K P F X H L W N R K A W G V H I
```

ENVIRONMENT	GASOLINE
BATTERY	HYDROGEN
HEAT	INDUSTRY
CARBON	MOTOR
FUEL	NUCLEAR
DIESEL	POLLUTION
ELECTRIC	RENEWABLE
ELECTRON	SUN
ENTROPY	TURBINE
PHOTON	WIND

34 - Disciplinas Científicas

```
E  J  E  Z  A  R  R  B  J  Y  R  C  V  H  F  L
W  N  C  C  S  P  Y  I  C  G  R  Y  P  P  Q  I
W  F  O  O  T  Y  G  O  L  O  H  C  Y  S  P  N
N  V  L  F  R  G  O  C  Z  L  N  A  G  C  B  G
C  S  O  D  O  O  L  H  O  O  P  R  O  I  J  U
M  K  G  W  N  L  O  E  O  I  W  C  L  N  L  I
G  E  Y  J  O  O  R  M  L  S  P  H  O  A  S  S
E  K  T  L  M  I  U  I  O  E  C  A  N  H  Q  T
O  Z  X  E  Y  B  E  S  G  N  S  E  U  C  F  I
L  E  N  R  O  G  N  T  Y  I  P  O  M  E  L  C
O  I  C  U  M  R  K  R  C  K  M  L  M  M  E  S
G  Y  N  E  I  N  O  Y  G  O  L  O  I  C  O  S
Y  B  O  T  A  N  Y  L  U  F  L  G  V  Y  J  L
A  N  A  T  O  M  Y  N  O  N  N  Y  I  G  B  Y
C  H  E  M  I  S  T  R  Y  G  V  O  H  B  O  J
M  I  N  E  R  A  L  O  G  Y  Y  P  I  P  E  F
```

ANATOMY

ARCHAEOLOGY

ASTRONOMY

BIOLOGY

BIOCHEMISTRY

BOTANY

KINESIOLOGY

ECOLOGY

GEOLOGY

IMMUNOLOGY

LINGUISTICS

MECHANICS

METEOROLOGY

MINERALOGY

NEUROLOGY

PSYCHOLOGY

CHEMISTRY

SOCIOLOGY

ZOOLOGY

35 - Meditação

```
A W L J P A N H T N A T U R E C
A T A J V W M T H O P N U B R L
C H T J S A A S O I R E N G X A
C C N E G K V R U S R M K J Q R
E A E W N E Y E G S J E O V N I
P T M C I T E U H A M V R R D T
T R M G H Y I D T P Q O O I R Y
A L U P C S G O S M L M K A U M
N P N I A F B S N O I T O M E J
C S O E E G V A A C M I N D P Q
E I Y S T B E J G I P E A C E Q
G L I R T V C J S S E N D N I K
P E S R B U H W D U U F G M N L
K N G L O I R R I M Y Y L Y I G
U C N N P N F E D U T I T A R G
Z E P E R S P E C T I V E H G V
```

ACCEPTANCE

AWAKE

ATTENTION

KINDNESS

CLARITY

COMPASSION

EMOTIONS

TEACHINGS

GRATITUDE

MENTAL

MIND

MOVEMENT

MUSIC

NATURE

PEACE

THOUGHTS

PERSPECTIVE

POSTURE

SILENCE

36 - Artes Visuais

```
K  B  H  R  H  C  R  I  I  E  E  P  R  P  C  P
A  Q  G  N  G  C  D  K  L  A  H  C  G  E  R  O
Q  M  N  R  I  P  S  V  T  S  D  P  V  R  E  R
K  J  V  O  M  O  W  N  G  E  L  H  Y  S  A  T
S  X  S  G  J  V  X  O  S  L  J  O  C  P  T  R
T  F  J  N  R  G  Z  I  X  Y  Y  T  E  E  I  A
E  C  E  I  P  R  E  T  S  A  M  O  R  C  V  I
N  Z  U  T  D  D  Q  I  O  L  W  G  A  T  I  T
C  E  Z  N  L  Q  X  S  T  C  C  R  M  I  T  O
I  T  P  I  F  Q  T  O  D  F  T  A  I  V  Y  E
L  T  S  A  N  L  T  P  D  L  T  P  C  E  J  T
M  I  Y  P  G  F  S  M  T  Z  N  H  S  Z  L  K
P  E  N  C  I  L  I  O  F  I  L  M  E  D  F  D
N  K  J  E  R  U  T  C  E  T  I  H  C  R  A  I
U  P  Y  F  M  L  R  S  C  U  L  P  T  U  R  E
M  G  B  T  C  H  A  V  A  R  N  I  S  H  P  L
```

CLAY
ARCHITECTURE
ARTIST
PEN
EASEL
WAX
CERAMICS
COMPOSITION
CREATIVITY
SCULPTURE

STENCIL
FILM
PHOTOGRAPH
CHALK
PENCIL
MASTERPIECE
PERSPECTIVE
PAINTING
PORTRAIT
VARNISH

37 - Moda

```
M X J F A T J A X G E C C M T B
A E Y C H R J K M O X L O I H F
M K A O O E P H O R P O M N U P
U Z K S I N R Z D I E T F I H R
P D R Q U D V S E G N H O M E A
L I C J V R S W S I S I R A U C
M O D E R N E G T N I N T L O T
V B Q L Y D Y M Y A V G A I T I
Z B B P R O S I E L E C B S E C
C U M M V R V G D N I B L T L A
Q O Z I G Z J Y C L T G E Z E L
E T J S N O T T U B A S I D G X
A F F O R D A B L E F C R Q A S
B O U T I Q U E R U T X E T N E
F A B R I C S T Y L E J H N T E
E C E M B R O I D E R Y H E J D
```

AFFORDABLE
EMBROIDERY
BUTTONS
BOUTIQUE
EXPENSIVE
COMFORTABLE
ELEGANT
STYLE
MEASUREMENTS
MINIMALIST

MODERN
MODEST
ORIGINAL
PRACTICAL
LACE
CLOTHING
SIMPLE
FABRIC
TREND
TEXTURE

38 - Instrumentos Musicais

```
B D R U F N C G P F W Y Y H V H
L B I Y D Z E O H U B U G K R A
B A S S O O N N M N I L O I V R
F Z K Z M T I G Q O A N S Q N M
B L H G J Q R A T I U G S T K O
E A U P W O U E B S P V N V L N
G C N T S L O N L S T D C D L I
Q W O J E O B O M U R D L W V C
Q W P S O Z M B W C U K A U Q A
M A R I M B A M W R M G R R T N
F U A I T Q T O U E P B I P Z E
P P H R Y W S R X P E L N N S B
Z I C E L L O T J S T W E D U R
Q Y A S A X O P H O N E T P V B
A Q Z N I L O D N A M W O M J T
V E Z U O D U Y X G L N E U B X
```

MANDOLIN
BANJO
CLARINET
BASSOON
FLUTE
HARMONICA
GONG
HARP
MARIMBA
OBOE

TAMBOURINE
PERCUSSION
PIANO
SAXOPHONE
DRUM
TROMBONE
TRUMPET
GUITAR
VIOLIN
CELLO

39 - Adjetivos #2

```
Y  I  O  P  H  E  A  L  T  H  Y  O  P  F  D  N
R  K  P  R  R  R  I  M  U  M  W  K  R  R  E  Z
R  Q  R  O  K  I  F  J  H  B  Y  X  O  B  S  W
A  S  D  D  L  I  W  Y  U  B  N  K  U  A  C  V
E  E  O  U  N  K  D  F  G  N  E  W  D  F  R  S
E  Y  J  C  U  A  A  L  N  U  Z  L  P  F  I  A
D  D  Z  T  Z  E  Z  U  I  F  C  I  U  S  P  L
E  R  O  I  O  A  I  M  T  X  A  R  R  B  T  T
T  E  Y  V  T  E  S  M  S  H  O  M  E  K  I  Y
F  V  G  E  V  W  I  C  E  T  E  P  O  Q  V  U
I  N  O  R  M  A  L  F  R  V  R  N  F  U  E  J
G  N  A  T  U  R  A  L  E  R  Q  C  T  R  S  G
E  L  E  G  A  N  T  M  T  V  U  U  Y  I  F  W
S  T  R  O  N  G  S  N  N  Q  R  B  X  X  C  C
X  C  L  A  A  H  E  V  I  T  A  E  R  C  G  O
H  O  T  R  E  S  P  O  N  S  I  B  L  E  K  W
```

AUTHENTIC	NEW
CREATIVE	PROUD
DESCRIPTIVE	PRODUCTIVE
GIFTED	PURE
ELEGANT	HOT
FAMOUS	RESPONSIBLE
STRONG	SALTY
INTERESTING	HEALTHY
NATURAL	DRY
NORMAL	WILD

40 - Roupas

```
H O K T C M B J A V P F R T I B
A A H N O I H S A F Y V Y U S L
A S T N A P O S O C K S K D L O
R S E N T R I H S L A D N A S U
B E L T E E G S W E A T E R P S
A R E R K C V W A D E Q Q R D E
J D C I C T K C G O N Y H O B V
L A A K A J Q L D J A D C R Z N
E M R S J E I S A P A J A M A S
X Z B E Q G P H W C J F P C B Q
T Q L V Z D D J Q O E J R Q C U
X E W O B Z R C E B C I C I F C
R S Z L Q L F N L A F A R O Q L
T H B G X U A S H I N O R P A U
O O M V B Z F R V R V S Z Y H I
R E F O F N U A F A A V Z J D L
```

APRON	GLOVES
BLOUSE	SOCKS
PANTS	FASHION
SHIRT	PAJAMAS
COAT	BRACELET
HAT	SKIRT
BELT	SANDALS
NECKLACE	SHOE
JACKET	SWEATER
JEANS	DRESS

41 - Herbalismo

```
L O R L K P A R S L E Y G J I P
B A T A R R A G O N R K A V N L
R O V A L F S G T L D B R U G A
T Y R E E E S W G Q D R D Y R N
I F F G N Z S C R Y A T E B E T
T C Y Q N D R I O M Q P N M D K
K H O O E R E L S M F Z U B I I
P L Y R F C X R E N F Q F E E Q
D Z H M I M E A M Q P U P N N M
W X A N E A K G A C Z N C E T A
F L O W E R N O R F F A S F J R
Q U A L I T Y D Y L P A H I D J
F P R B A S I L E H F V V C A O
G R E E N T D C D R U U T I C R
Y F R E S B O J A P A N Q A K A
C P B O W A R O M A T I C L Y M
```

SAFFRON   GARDEN
ROSEMARY   LAVENDER
GARLIC   BASIL
AROMATIC   MARJORAM
BENEFICIAL   PLANT
CORIANDER   QUALITY
TARRAGON   FLAVOR
FLOWER   PARSLEY
FENNEL   THYME
INGREDIENT   GREEN

42 - Arqueologia

```
I  O  B  A  L  Z  U  P  S  E  N  O  B  C  V  M
T  O  M  B  I  B  P  V  R  C  R  C  N  O  K  Y
E  U  N  K  N  O  W  N  A  O  G  I  W  R  C  S
E  R  M  T  E  M  P  L  E  K  F  L  J  F  T  T
X  H  A  P  O  F  N  A  Y  O  G  E  Q  K  B  E
P  N  E  T  T  O  G  R  O  F  F  R  S  P  V  R
E  Y  T  I  U  Q  I  T  N  A  A  E  T  S  N  Y
R  V  O  O  E  W  A  E  S  R  N  H  C  V  O  X
T  W  T  B  X  Z  F  I  C  E  A  C  E  O  I  R
D  E  S  C  E  N  D  A  N  T  L  R  J  B  T  R
Z  V  O  G  I  T  F  D  S  L  Y  A  B  H  A  H
O  Z  O  T  O  F  S  O  G  X  S  E  O  Y  U  B
M  D  Z  J  J  D  J  N  S  M  I  S  X  X  L  E
B  T  V  N  W  Z  K  K  I  S  S  E  R  G  A  E
M  U  K  E  G  H  P  P  D  H  I  R  R  N  V  X
I  L  A  T  W  B  C  X  Q  Z  J  L  K  C  E  K
```

ANALYSIS
YEARS
ANTIQUITY
EVALUATION
DESCENDANT
UNKNOWN
TEAM
ERA
EXPERT
FORGOTTEN

FOSSIL
RESEARCHER
MYSTERY
OBJECTS
BONES
PROFESSOR
RELIC
TEMPLE
TOMB

43 - Esporte

```
N  H  M  D  T  C  V  J  A  B  V  D  U  J  S  P
U  E  A  F  G  O  U  O  A  B  I  H  H  M  H  R
T  A  A  E  C  A  T  G  B  L  I  A  P  J  V  O
R  C  Q  T  P  C  Z  G  E  O  M  L  A  O  G  G
I  E  L  A  H  H  W  I  J  A  D  P  I  K  X  R
T  S  Q  D  T  L  G  N  I  L  C  Y  C  T  K  A
I  H  L  I  L  I  E  G  K  O  P  A  X  M  Y  M
O  R  L  E  A  H  C  T  S  P  O  R  T  S  D  M
N  B  E  T  E  W  N  S  E  L  C  S  U  M  S  E
E  O  O  K  H  U  A  D  A  N  C  I  N  G  N  T
I  N  Z  W  H  Z  R  P  F  L  D  D  E  N  M  A
U  E  M  G  U  H  U  J  Z  N  A  Z  A  I  I  B
Z  S  B  L  T  K  D  S  T  R  E  N  G  T  H  O
Q  R  Z  M  Y  G  N  I  H  C  T  E  R  T  S  L
T  P  I  A  C  I  E  Z  I  M  I  X  A  M  Q  I
Y  T  T  E  I  C  F  C  L  K  W  A  B  J  W  C
```

STRETCHING   MAXIMIZE
ATHLETE   METABOLIC
ABILITY   MUSCLES
CYCLING   NUTRITION
BODY   GOAL
DANCING   BONES
DIET   PROGRAM
SPORTS   ENDURANCE
STRENGTH   HEALTH
JOGGING   COACH

44 - Agronomia

```
D I N R V K W P P Y P U E S V K
S V Y E H T W O R G L S N U E M
A O U Z C V Q L O R A M V S G W
S G I I U H W L D E N E I T E E
L Y R L P W K U U N T T R A T M
Y K D I W N I T C E S S O I A V
S D T T C Z C I T V J Y N N B V
Z L I R G U U O I G C S M A L W
D F S E Q V L N O S H E E B E U
U A S F L J E T N X E E N L S R
E C O L O G Y P U X C D T E W K
R D I S E A S E S R N S C G A T
M U R Q T Y R Y T X E E I X T J
R I R S J A Q G N O I S O R E R
C I N A G R O C K M C F W H R R
Q S O A L T L B B J S K W D K G
```

AGRICULTURE
ENVIRONMENT
WATER
SCIENCE
GROWTH
DISEASES
ECOLOGY
ENERGY
EROSION
FERTILIZER

VEGETABLES
ORGANIC
PLANTS
POLLUTION
PRODUCTION
RURAL
SEEDS
SYSTEMS
SOIL
SUSTAINABLE

45 - Frutas

```
B T A G N W Y A O N I S C N N M
E L P P A E N I P V Y Q H E O L
B X A N A N A B P P P Q E C R I
T G L C P H N O M E L E R T A U
S I W I K B E R R Y A E R A N N
X F G S J B K O E B Y C Y R G J
R R J Y R R E B P S A R H I E M
C O C O N U T R A E P Z Q N W Q
O A P H T O C I R P A I H E Q L
X E J P Q D V H G Y P M U A P H
I P S S V A L M A N G O E Y P S
C K N V P C A I G S F P Z K L O
G R K S K O F Z C R V G F T E U
V Y V S H V M B I E H K T F Q B
C I Q O I A S D O C X S O K J R
S W Y Y E B I R M X L Q T G J K
```

AVOCADO
PINEAPPLE
BLACKBERRY
BERRY
BANANA
CHERRY
COCONUT
APRICOT
FIG
RASPBERRY

KIWI
ORANGE
LEMON
APPLE
PAPAYA
MANGO
NECTARINE
PEAR
PEACH
GRAPE

46 - Corpo Humano

```
R M M D G S T D N I A R B G D E
W O B L E L K N A E E N K X X C
A U L I L U I Y M B C C A W V H
J T E F O R E H E A D K H W O K
H H E Y Z E S Z Z M F Q P I R C
E X P R E D O O L B I H W B N M
A T H V I L N E B J N W C G J A
D S K U U U O S Q M G M F O Z P
N M S J S O X K T H E T U C K A
A B Z T W H Z I E V R R Z P H W
H F U J W S C N M T W I U E M H
I V T Z V D B E A R E J H P B M
F P D K W V J N R A G V T Z E C
L I I O T X D I V E F K S Y V W
Z I H S G Z B H Z H T P S R B P
M F M Q V H M G W A E Y J D N K
```

MOUTH	EYE
HEAD	SHOULDER
BRAIN	EAR
HEART	SKIN
ELBOW	LEG
FINGER	NECK
KNEE	CHIN
JAW	BLOOD
HAND	FOREHEAD
NOSE	ANKLE

47 - Caminhada

```
D N C O D M O H O T D F U C J V
D M C V R H Q T P N U S F L E R
F K A I S E O E A O S E W I I X
M N Y Z D W T S W I L D E M L U
X O H S E T M D U T A I A A H C
D I U E R A B R P A M U T T E F
R T G N I P M A C T I G H E A G
Z A L O T C L Z U N N B E E V Z
N R B T R A M A W E A C R X Y H
J A N S O O I H T I U F J L X T
N P T S R K U N N R B X I V F W
V E S U W Z B V J O Q E A A D G
E R M F R E T A W V I K Q H G D
F P U H S E P A R K S T O O B R
D V L R C P K U Y W X C L P S Y
C K W F W K U J S U E I M O R K
```

CAMPING	ORIENTATION
ANIMALS	PARKS
WATER	STONES
BOOTS	CLIFF
TIRED	HAZARDS
CLIMATE	HEAVY
GUIDES	PREPARATION
MAP	WILD
MOUNTAIN	SUN
NATURE	WEATHER

48 - Biologia

```
R M A N U A I A Y E M Y Z N E C
T E S I S O M S O Q M T A T K O
T V P E U W Y F E W B B O T S L
A R I T S C Y Y O K Z Y R U P L
Z E N O I T U L O V E K S Y B A
P N X R S L L O K G A Z Y K O G
L J O P Y L E L A M M A M L M E
A S M J N A I R E T C A B D A N
N G U Y A R D Y N C G J I A F B
T W T N P U E M O S O M O R H C
S I A M S T L O M Z N B S Q E M
G V T H E A P T R T L M I C B W
W O I B F N Z A O Z L J S K K O
U Z O G E U L N H A A P B D C K
B S N F U L B A K H X T A T E U
Y A O I N E U R O N N P Y D F S
```

ANATOMY	MUTATION
BACTERIA	NATURAL
CELL	NERVE
COLLAGEN	NEURON
CHROMOSOME	OSMOSIS
EMBRYO	PLANTS
ENZYME	PROTEIN
EVOLUTION	REPTILE
HORMONE	SYMBIOSIS
MAMMAL	SYNAPSE

49 - Beleza

```
S  E  M  G  W  N  G  A  C  M  R  A  H  C  M  L
T  C  S  J  O  V  R  T  N  A  G  E  L  E  I  I
C  N  I  T  C  N  A  E  I  S  L  R  U  C  R  P
U  A  P  S  Y  Z  C  X  K  C  O  G  U  F  R  S
D  R  H  E  S  L  E  P  S  A  O  I  H  Z  O  T
O  G  O  C  C  O  I  T  M  R  P  D  L  H  R  I
R  A  T  I  O  O  R  S  R  A  M  S  M  S  O  C
P  R  O  V  S  Y  Q  S  T  P  A  C  D  X  L  K
U  F  G  R  M  J  G  S  U  F  H  J  A  F  O  W
E  R  E  E  E  X  P  Z  Q  Z  S  W  Y  M  C  O
K  D  N  S  T  M  A  W  R  T  Q  J  K  V  U  M
A  I  I  L  I  E  L  E  G  A  N  C  E  K  M  A
M  X  C  Q  C  Q  U  Z  M  V  M  C  N  O  L  P
M  Y  E  O  S  A  J  Z  P  B  N  U  J  P  A  E
N  T  S  X  T  Z  S  X  D  S  V  A  S  S  U  W
H  M  F  O  L  X  E  T  K  P  L  L  K  R  U  T
```

LIPSTICK	FRAGRANCE
CURLS	GRACE
CHARM	MAKEUP
COLOR	OILS
COSMETICS	SKIN
ELEGANT	PRODUCTS
ELEGANCE	MASCARA
MIRROR	SERVICES
STYLIST	SCISSORS
PHOTOGENIC	SHAMPOO

50 - Filantropia

```
C  S  F  Q  T  C  P  U  L  O  B  Z  P  T  G  C
N  H  T  U  O  Y  O  R  F  O  D  A  E  P  E  H
M  L  A  B  O  L  G  N  O  Y  W  J  O  U  N  A
K  H  V  R  O  D  R  Q  T  G  K  N  P  B  E  L
G  M  N  O  I  S  S  I  M  A  R  I  L  L  R  L
R  P  Y  B  E  T  E  U  V  G  C  A  E  I  O  E
O  M  U  R  G  B  Y  M  E  S  W  T  M  C  S  N
U  D  C  C  O  M  M  U  N  I  T  Y  S  S  I  G
P  D  Q  N  D  H  I  S  T  O  R  Y  L  D  T  E
S  D  S  M  M  C  I  Z  J  P  X  T  A  N  Y  S
F  V  E  X  E  P  B  Q  Z  C  B  S  O  U  S  C
H  U  M  A  N  I  T  Y  N  G  X  E  G  F  M  U
E  F  C  Q  S  O  H  G  E  E  C  N  A  N  I  F
F  Y  C  N  S  D  U  Y  E  Z  Y  O  Q  A  F  H
C  H  I  L  D  R  E  N  D  E  E  H  H  J  I  G
L  E  R  E  D  K  W  C  K  P  Y  X  S  E  T  B
```

CHARITY
COMMUNITY
CONTACTS
CHILDREN
CHALLENGES
FINANCE
FUNDS
GENEROSITY
GLOBAL
GROUPS

HISTORY
HONESTY
HUMANITY
YOUTH
MISSION
NEED
GOALS
PEOPLE
PROGRAMS
PUBLIC

51 - Ecologia

```
N R G Y A R G F H B W E X F M F
A R O L F I U N R M P L B H B K
T R M W H E L B A N I A T S U S
U N N O I T A T E G E V M R Q V
R S L S U Z X E I Z W I Z A S O
A O N E V N O L H R D V C M D L
L F K I A A T H G U O R D Y Q U
L E Q T C F S A S V B U C M D N
P Y T I S R E V I D A S I X X T
F A U N A G C C C N P R J G H E
N O N U A L R A L S S L I F R E
C Z B M W O U T I Z R B A E W R
Q J V M G B O W M S Y X D N T S
B Q O O D A S K A F W C G S T Y
Y T A C P L E G T A T I B A H S
D E N A T U R E E M A R I N E C
```

CLIMATE
COMMUNITIES
DIVERSITY
FAUNA
FLORA
GLOBAL
HABITAT
MARINE
MOUNTAINS
NATURAL

NATURE
MARSH
PLANTS
RESOURCES
DROUGHT
SURVIVAL
SUSTAINABLE
VARIETY
VEGETATION
VOLUNTEERS

52 - Família

```
C  S  K  S  Z  B  J  D  X  X  J  T  X  H  F  Q
O  N  J  Y  W  J  K  R  Y  K  K  D  U  D  X  U
U  H  B  G  U  Z  D  E  M  Q  R  R  A  Z  M  I
S  S  U  W  R  E  A  T  S  O  S  B  F  F  M  N
I  N  W  S  D  O  O  H  D  L  I  H  C  J  W  C
N  L  T  R  B  V  K  G  N  N  S  C  H  I  L  D
M  M  R  B  J  A  K  U  Q  Y  T  N  U  A  Q  L
R  O  T  S  E  C  N  A  I  O  E  F  I  W  X  L
S  U  T  P  U  K  E  D  K  D  R  Y  H  C  Y  A
I  V  N  H  Z  C  R  U  G  R  A  N  D  S  O  N
P  P  N  C  E  N  D  B  R  O  T  H  E  R  Q  R
L  P  N  Q  L  R  L  A  N  R  E  T  A  M  R  E
N  I  E  C  E  E  I  F  A  T  H  E  R  O  H  T
U  S  D  O  S  F  H  Y  M  P  G  Z  D  E  J  A
N  E  P  H  E  W  C  V  C  O  Q  Y  E  O  E  P
G  R  A  N  D  M  O  T  H  E  R  H  S  Q  V  C
```

ANCESTOR	MATERNAL
GRANDMOTHER	MOTHER
CHILD	GRANDSON
CHILDREN	FATHER
WIFE	PATERNAL
DAUGHTER	COUSIN
CHILDHOOD	NIECE
SISTER	NEPHEW
BROTHER	AUNT
HUSBAND	UNCLE

53 - Férias #2

```
R Y X G K N O N G E F H C A E B
D E R U S I E L V S O T O H P W
K N S A I R P O R T R P A T G C
S R A E B R T A X I E A G R E T
E U C S R B T Z O S I S D N M L
U O N N J V N Z J M G S Q T K O
H J Q I V K A T S G N P V V X Y
I S L A N D R T J O E O I Q O I
N O T T B T U C I L R R S I O E
Q A X N S V A O U O V T A L S Y
L W U U D P T X O G N I P M A C
A P D O M W S F G Y X S T E N T
B E Q M Y D E M M L Y C Z Y U S
O Y G U F R R Y A D I L O H S G
G D D C B N L S B P U F C X D P
D E S T I N A T I O N N W H H G
```

CAMPING	SEA
AIRPORT	MOUNTAINS
DESTINATION	PASSPORT
FOREIGNER	BEACH
HOLIDAY	RESERVATIONS
PHOTOS	RESTAURANT
HOTEL	TAXI
ISLAND	TENT
LEISURE	JOURNEY
MAP	VISA

54 - Edifícios

```
S  S  L  N  I  Z  N  S  T  A  D  I  U  M  T  S
G  C  Q  F  I  A  P  A  R  T  M  E  N  T  O  U
Z  V  H  U  N  I  V  E  R  S  I  T  Y  N  W  P
M  G  M  O  W  E  U  G  A  R  A  G  E  E  E  E
N  U  Y  R  O  T  A  V  R  E  S  B  O  T  R  R
E  V  S  L  P  L  A  T  I  P  S  O  H  Q  L  M
J  S  D  E  E  M  B  A  S  S  Y  Z  Q  N  W  A
F  L  D  P  U  L  A  B  O  R  A  T  O  R  Y  R
D  A  B  S  L  M  M  D  Z  E  L  T  S  A  C  K
R  L  C  M  E  F  E  V  H  T  J  E  X  B  Z  E
T  I  E  T  U  Y  N  Q  O  A  P  Y  O  C  P  T
U  M  J  Q  O  U  I  C  T  E  E  U  Y  X  V  B
X  Z  L  H  X  R  C  F  E  H  O  P  A  I  O  J
M  D  T  U  B  F  Y  A  L  T  G  U  C  Y  S  C
F  M  B  Q  N  Z  I  R  R  L  P  A  G  Q  R  O
E  T  N  I  K  V  M  M  L  I  G  K  W  R  Z  F
```

APARTMENT	HOSPITAL
CASTLE	HOTEL
BARN	LABORATORY
CINEMA	MUSEUM
EMBASSY	OBSERVATORY
SCHOOL	SUPERMARKET
STADIUM	THEATER
FARM	TENT
FACTORY	TOWER
GARAGE	UNIVERSITY

55 - Aventura

```
X D P N O I S R U C X E W Q O I
M F W E H H D A F N N Z X C P T
E V A N F V N F T E O Q L T P I
C I F Q P V E V C W I B N N O N
N H D I F F I C U L T Y A Y R E
A A A C Q L R Z Z S A T T K T R
H H V L P I F Y W N N U U M U A
C R P I L I W C S U I A R S N R
J L V N G E X L J Z T E E A I Y
K O E E F A N X Y O S B L I T A
H D Y X H Y T G Y T E F A S Y L
G S B Q T S U I E A D N U U U A
A C T I V I T Y O S Q D S H E G
D A N G E R O U S N K H U T X Z
T P R E P A R A T I O N N N J V
S U R P R I S I N G M Y U E W Y
```

JOY
FRIENDS
ACTIVITY
BEAUTY
CHANCE
CHALLENGES
DESTINATION
DIFFICULTY
ENTHUSIASM
EXCURSION

UNUSUAL
ITINERARY
NATURE
NAVIGATION
NEW
OPPORTUNITY
DANGEROUS
PREPARATION
SAFETY
SURPRISING

56 - Floresta Tropical

```
A R S U R V I V A L M C V R R A
M E R E F U G E A S A O A E P D
P S C L O U D S S O M M L S Z F
H T E I J K C W B D M M U P R X
I O B I N Z R D R M A U A E J V
B R F I C D D F X L L N B C O C
I A S B R E I L G A S I L T Y D
A T S L F D P G H C J T E C W S
N I E X W R S S E I I Y Q B D P
S O D D N R T T L N N A T U R E
C N P W R U G C G A O D I Q L V
C L I M A T E E N T A U U I I T
V U V V P I H S U O D L S C E P
X D W Z X Z R N J B R Q W Y L M
U P G L B Y T I S R E V I D E J
P R E S E R V A T I O N N S J U
```

AMPHIBIANS	NATURE
BOTANICAL	CLOUDS
CLIMATE	BIRDS
COMMUNITY	PRESERVATION
DIVERSITY	REFUGE
SPECIES	RESPECT
INDIGENOUS	RESTORATION
INSECTS	JUNGLE
MAMMALS	SURVIVAL
MOSS	VALUABLE

57 - Cidade

```
B O O K S T O R E E F T X G T S
Y H Y T R O P R I A M S D V S M
K A Q K E P T G G T X I V I Y S
E U G P S T E K R A M R E P U S
N X R U T K O T V M L O O H C S
A L X L A P Q I W E P L O L Y L
Y G T L U H V V I N U F E T W A
T K Z B R A Z J B I O B F R J Q
I M D A A R M J Z C Z P G T Y T
S U O N N M D L O O O I L R R H
R T Z K T A S A L O N M I S A E
E E A O A C H O T E L U W A R A
V K J D O Y M Y Z A V S Y L B T
I R K X I B A K E R Y E H W I E
N A F K H U H X T J E U W V L R
U M X H U E M Z H D F M M M U X
```

AIRPORT
BANK
LIBRARY
CINEMA
SCHOOL
STADIUM
PHARMACY
FLORIST
GALLERY
HOTEL

ZOO
BOOKSTORE
MARKET
MUSEUM
BAKERY
RESTAURANT
SALON
SUPERMARKET
THEATER
UNIVERSITY

58 - Música

```
E  I  R  S  M  L  A  C  O  V  K  B  B  I  C  W
H  H  H  O  I  I  Y  J  G  P  J  A  Q  M  H  G
G  T  Y  J  E  N  C  R  T  H  X  L  P  P  O  B
D  Q  T  N  E  A  G  R  I  P  O  L  O  R  R  P
G  U  H  P  A  I  B  V  O  C  T  A  E  O  U  K
O  P  M  E  T  C  B  I  B  P  A  D  T  V  S  N
K  R  E  G  N  I  S  P  G  N  H  L  I  I  I  S
V  G  Z  F  E  S  C  B  N  X  R  O  C  S  X  W
X  G  V  U  M  U  O  D  I  N  N  V  N  E  J  Z
V  H  I  L  U  M  Z  Y  D  O  L  E  M  E  U  U
B  T  B  A  R  O  P  E  R  A  G  I  D  B  T  O
I  Q  C  C  T  P  R  Z  O  H  A  R  M  O  N  Y
L  A  C  I  S  S  A  L  C  P  A  L  B  U  M  W
H  Q  Y  S  N  K  A  H  E  Q  B  F  I  T  A  V
F  U  Y  U  I  L  K  F  R  K  L  T  U  G  N  J
Y  M  I  M  E  Q  A  R  Z  K  E  L  Y  O  G  C
```

ALBUM

BALLAD

SING

SINGER

CLASSICAL

CHORUS

RECORDING

HARMONY

IMPROVISE

INSTRUMENT

LYRICAL

MELODY

MICROPHONE

MUSICAL

MUSICIAN

OPERA

POETIC

RHYTHM

TEMPO

VOCAL

59 - Matemática

```
D  J  N  R  E  C  T  A  N  G  L  E  A  V  N  E
N  L  V  E  F  Z  O  T  J  N  Q  W  N  O  S  U
F  R  A  C  T  I  O  N  R  O  H  J  G  L  S  A
M  C  C  S  U  M  K  G  V  I  B  H  L  U  E  P
H  S  I  J  D  W  Z  R  R  T  A  K  E  M  C  E
Y  R  T  E  M  M  Y  S  J  A  R  N  S  E  N  R
I  L  E  L  L  A  R  A  P  U  S  P  G  H  E  P
L  A  M  I  C  E  D  R  V  Q  J  W  F  L  R  E
Z  M  H  K  T  Z  R  T  N  E  N  O  P  X  E  N
K  U  T  R  F  R  E  N  R  A  D  I  U  S  F  D
Z  T  I  T  X  Q  T  F  O  F  S  S  A  U  M  I
P  A  R  A  L  L  E  L  O  G  R  A  M  H  U  C
Q  U  A  D  F  A  M  L  U  O  Y  V  X  U  C  U
K  W  I  Q  P  F  A  Y  O  J  L  L  T  A  R  L
F  R  E  T  E  M  I  R  E  P  W  F  O  F  I  A
A  L  Y  V  U  Q  D  B  V  X  P  B  K  P  C  R
```

ARITHMETIC   PERIMETER
ANGLES   PERPENDICULAR
CIRCUMFERENCE   POLYGON
DECIMAL   RADIUS
DIAMETER   RECTANGLE
EQUATION   SYMMETRY
EXPONENT   SUM
FRACTION   TRIANGLE
PARALLEL   VOLUME
PARALLELOGRAM

60 - Saúde e Bem Estar #1

```
U E M K W H H S T H H Q N H G C
W V X K L X E U Z X W B D O O M
T H G I E H C W N F L Z O R J E
I H S E N O B N Q G X M C M F D
B L E R U T S O P J E E T O J I
A J V R C L I N I C L R O N T C
H M R O A K E P Z Y F G R E R I
B N E T V P D U O W E N F S E N
V A N C V G Y C A M R A H P A E
I K C X Y U Q J M D R T M T T S
R K X T A C T I V E Y H O U M K
U G I H E R U T C A R F L S E I
S E I T D R F V C P V L N X N N
A V M B P T I F K O V K S C T V
R T Z V N V E A S L M X T W J U
D R E L A X A T I O N W Z Q A Y
```

HEIGHT	MEDICINE
ACTIVE	NERVES
BACTERIA	BONES
CLINIC	SKIN
DOCTOR	POSTURE
PHARMACY	REFLEX
HUNGER	RELAXATION
FRACTURE	THERAPY
HABIT	TREATMENT
HORMONES	VIRUS

61 - Natureza

```
B P S Z X R H R I V E R F H G O
C E L A T I V S O T F E O S I L
L Y E N N Q W B J L O T R O B G
T N T S W C Y D G M L L E C K L
E C N V I L T J P B I E S I Q O
K Z W F L C Y U J B A H T S B P
X K Q O D I C Y A E G S R H H P
T M F G E T U A S R E D E B A B
G R G L A C I E R I Y U S L I Q
S K O S E R E N E Z G O E N J D
L S R P F A H P L I S L D S B U
X P O R I B E A U T Y C X Q M C
J J H Z C C E R O S I O N L G P
W G G S S L A M I N A U Z C N J
D Y N A M I C L U F E C A E P R
I P U H Q I A X P S O S L P Q V
```

BEES
SHELTER
ANIMALS
ARCTIC
BEAUTY
DESERT
DYNAMIC
EROSION
FOREST
FOLIAGE

GLACIER
FOG
CLOUDS
PEACEFUL
RIVER
SANCTUARY
WILD
SERENE
TROPICAL
VITAL

62 - A Empresa

```
I  N  N  O  V  A  T  I  V  E  V  X  Q  W  P  R
E  M  P  L  O  Y  M  E  N  T  E  B  U  Y  J  E
P  R  O  D  U  C  T  N  V  T  R  H  A  S  P  P
T  N  E  M  T  S  E  V  N  I  R  H  L  J  M  U
L  O  E  J  G  K  K  G  D  Z  S  A  I  T  A  T
A  I  S  E  C  R  U  O  S  E  R  Y  T  H  I  A
N  T  C  R  E  A  T  I  V  E  C  T  Y  O  M  T
O  A  B  G  S  R  T  C  H  Z  X  I  L  O  L  I
I  T  E  U  N  E  V  E  R  Q  L  L  S  K  A  O
S  N  U  J  S  T  I  N  U  K  D  I  S  I  B  N
S  E  D  Z  R  I  M  P  I  B  N  B  E  R  O  O
E  S  Q  U  K  D  N  Y  S  K  S  I  R  Z  L  N
F  E  O  Z  S  D  N  E  R  T  I  S  G  F  G  L
O  R  J  Y  V  T  H  R  S  K  O  S  O  S  G  B
R  P  G  Y  A  Z  R  T  U  S  O  O  R  X  Z  T
P  O  P  C  O  Q  X  Y  Q  Q  B  P  P  H  K  B
```

PRESENTATION	PRODUCT
CREATIVE	PROFESSIONAL
DECISION	PROGRESS
EMPLOYMENT	QUALITY
GLOBAL	REVENUE
INDUSTRY	RESOURCES
INNOVATIVE	REPUTATION
INVESTMENT	RISKS
BUSINESS	TRENDS
POSSIBILITY	UNITS

63 - Doença

```
A K Z Z E U N B E G N I A H H X
I B Y M R W V E L H D N L E E K
M G D L Q E S J W T W F L R T W
M N O O R A B M U L O L E E A S
U U B Y M K Q D G A Y A R D L R
N V R H C I T E N E G M G I Q E
I F Q T C I N O R H C M I T S S
T C N A P L B A T T V A E A U P
Y Q B P E A I W L A A T S R O I
P R J O M W T I E L H I S Y I R
H I E R N G Z H T L S O P M G A
A A N U N E E M O R D N Y S A T
V J G E F I S Z E G H E A R T O
Y R A N O M L U P Z E W D Q N R
T T H E R A P Y L R C N V D O Y
G N I M Z C U H M V Z I S Y C J
```

ABDOMINAL
ALLERGIES
CONTAGIOUS
HEART
BODY
CHRONIC
WEAK
GENETIC
HEREDITARY
IMMUNITY

INFLAMMATION
LUMBAR
NEUROPATHY
BONES
PATHOGENS
PULMONARY
RESPIRATORY
HEALTH
SYNDROME
THERAPY

64 - Aquecimento Global

```
D G E N E R A T I O N S I G H S
A E C L I M A T E F O C N A R C
O R V Z R X G L W U I O T S A I
S A C E O Q D A X T T N E N A E
E Q U T L V H T I U N S R O C N
R Y D C I O G N U R E E N W D T
U R L Y I C P E X E T Q A X A I
T O M Y V Q K M H H T U T U T S
A Y G R E N E N E D A E I A A T
R G F T E R K O O N F N O E I X
E E U S I S I R C S T C N L Y Q
P O P U L A T I O N S E A K C Y
M O Y D U N X V F E U S L R G A
E Q Z N X I T N E M N R E V O G
T Q Q I B Y Y E J P L J A G T T
L E G I S L A T I O N L N G K X
```

NOW	ENERGY
ENVIRONMENTAL	FUTURE
ATTENTION	GAS
ARCTIC	GENERATIONS
SCIENTIST	GOVERNMENT
CLIMATE	INDUSTRY
CONSEQUENCES	INTERNATIONAL
CRISIS	LEGISLATION
DATA	POPULATIONS
DEVELOPMENT	TEMPERATURES

65 - Aviões

```
L F Y N L O W H A J Y Y A D I D
E A M B P E E F L X B Z V E N I
U S N A P Y R O T S I H V S F R
F A O D R I C Y I E Y M N C L E
M H I E I M X H T R N L Z E A C
F T T O W N Z E U U B G Q N T T
A K C P W X G I D T H L I T E I
V P U G Y M O G E N Y A F N R O
N S R S Z T X H W E D Z I K E N
U O T K A G K T P V R P Y R G M
M Y S Y R Y H J V D O I X X N W
C H N J C P A K M A G L Y N E K
H T O B A L L O O N E O R C S G
B C C P L O V S A Z N T A N S V
A T M O S P H E R E J N M L A H
D M B T U R B U L E N C E K P X
```

ALTITUDE
HEIGHT
AIR
LANDING
ATMOSPHERE
ADVENTURE
BALLOON
SKY
FUEL
CONSTRUCTION

DESCENT
DIRECTION
HYDROGEN
HISTORY
INFLATE
ENGINE
PASSENGER
PILOT
CREW
TURBULENCE

66 - Tipos de Cabelo

```
G Z P K V V Q N P P B Q I O L G
D S E S D I A R B Y R A J B P G
X K S N I C U R L S O T K V O P
F F Y X G L Y Y U J W U H N M X
L D R Y J K V Z B M N L K A G T
S O F T S L R E U W S Y C K R B
B L O N D O I Q R H H M I K A M
B E O H M N J H B Y N I H S Y C
J R L W A G J E W L Q G T Q T O
N X A G S V Y A B R Y D B E H L
A K U I M Q V L A U B F Z S I O
B X P B D A J T K C E W Y G N R
W C F T C E T H D B W D R Y Z E
F B H J T Z D Y D O B A L D X D
W A V Y M T A W R D Y F L U V N
B L A C K X M W X Y V N M E P E
```

WHITE	LONG
SHINY	BROWN
CURLS	WAVY
BALD	SILVER
GRAY	BLACK
COLORED	HEALTHY
CURLY	DRY
THIN	SOFT
THICK	BRAIDED
BLOND	BRAIDS

67 - Criatividade

```
Y H C G E S Z W E C Y X E I A I
B J D P Z K C V M E D H X N U N
V P G O O I X J O L R S P V T S
R D S G E L G M T P A U R E H P
Q I X Q L L P L I N M O E N E I
F L U I D I T Y O O A E S T N R
C N O I T I U T N I T N S I T A
I M A G E O R I S S I A I V I T
G R L G C E I R G S C T O E C I
G Y C Z P O J A N E N N N E I O
M F M O E O Y L I R E O J A T N
A O O Y E S C C L P A P I A Y A
A R T I S T I C E M W S J S X K
V I T A L I T Y E I C T X E I T
V S R M U H W H F O R J R E L V
N I Z I M A G I N A T I O N E E
```

ARTISTIC
AUTHENTICITY
CLARITY
DRAMATIC
EMOTIONS
SPONTANEOUS
EXPRESSION
FLUIDITY
SKILL

IMAGE
IMAGINATION
IMPRESSION
INSPIRATION
INTUITION
INVENTIVE
FEELINGS
VISIONS
VITALITY

68 - Dias e Meses

```
F R I D A Y J H V G S J S V Z L
B E V N V G U M G S P A F S X P
H Z V L M D N B Q U I N Q E I R
I F E R Z K E E W C M U B Z D S
N O V E M B E R A E Y A D N U S
Y A C X F J I E A O A R X B Z O
X X U Z R C I B C D D Y I N X C
P T G G S G M M P T N T E P J T
A Y R A U R B E F T O E E O K O
M B U J H S H C N H M E L B D B
J U L Y B R T E J U D E T A Z E
Y R P O A F N D S R I K M H C R
C O S M P G O W Z S W M R K G H
B S T M R T M N P D D S V D G Z
Y A D S I Z Y K Y A D R U T A S
A I Q W L R D C E Y U Y I X Z T
```

APRIL
AUGUST
YEAR
CALENDAR
DECEMBER
SUNDAY
FEBRUARY
JANUARY
JULY

JUNE
MONTH
NOVEMBER
OCTOBER
THURSDAY
SATURDAY
MONDAY
WEEK
FRIDAY

69 - Saúde e Bem Estar #2

```
Z  J  H  V  I  T  A  M  I  N  T  V  W  R  U  N
U  V  D  Y  W  D  E  O  M  R  R  Y  I  Q  N  Y
J  L  X  G  G  B  Z  G  O  E  G  A  S  S  A  M
E  M  Z  R  C  I  N  P  M  C  Q  G  F  U  V  E
L  Y  M  E  C  V  E  W  L  O  J  Z  S  Q  R  N
A  G  G  N  J  J  O  N  V  V  B  S  T  H  R  O
H  N  V  E  P  I  Y  X  E  E  V  M  V  L  B  I
O  O  A  K  R  X  H  S  N  R  E  B  B  O  T  T
S  I  H  T  E  I  D  A  O  Y  M  O  O  D  Z  S
P  T  E  D  O  O  L  B  A  P  P  E  T  I  T  E
I  C  A  O  M  M  B  A  L  L  E  R  G  Y  Z  G
T  E  L  K  E  P  Y  O  D  I  S  E  A  S  E  I
A  F  T  Y  F  X  L  W  D  W  E  I  G  H  T  D
L  N  H  P  N  Y  U  S  L  Y  M  G  Z  R  Y  Y
B  I  Y  C  A  L  O  R  I  E  U  C  R  O  B  D
H  D  N  C  G  E  N  E  T  I  C  S  S  Z  F  B
```

ALLERGY
ANATOMY
APPETITE
CALORIE
BODY
DIET
DIGESTION
DISEASE
ENERGY
GENETICS

HYGIENE
HOSPITAL
MOOD
INFECTION
MASSAGE
WEIGHT
RECOVERY
BLOOD
HEALTHY
VITAMIN

70 - Geografia

```
T  P  Q  D  V  W  H  S  A  L  T  A  D  J  D  Y
M  A  P  D  O  O  W  O  A  L  T  I  T  U  D  E
R  A  X  X  S  T  Y  U  K  G  Y  M  W  T  H  K
D  F  E  C  G  P  Y  T  I  C  R  S  R  C  X  O
J  B  M  J  Z  B  R  H  T  R  O  N  A  E  C  O
S  E  A  N  L  X  T  M  D  E  T  A  B  K  O  W
T  N  E  N  I  T  N  O  C  V  I  I  V  Q  I  K
R  U  G  A  C  T  U  U  Q  I  R  D  W  E  S  T
L  Y  P  N  M  J  O  N  F  R  R  I  A  Y  T  O
U  K  X  K  K  Z  C  T  O  I  E  R  F  N  T  Z
L  H  F  E  V  B  V  A  M  I  T  E  Z  Z  S  E
X  V  W  W  J  V  Y  I  D  K  G  M  D  X  X  E
I  S  L  A  N  D  U  N  L  U  D  E  Y  M  U  G
H  E  M  I  S  P  H  E  R  E  U  M  R  Y  R  U
L  A  T  I  T  U  D  E  O  F  G  C  M  S  W  L
I  X  T  J  V  X  R  C  W  A  E  Q  C  H  I  D
```

ALTITUDE	MOUNTAIN
ATLAS	WORLD
CITY	NORTH
CONTINENT	OCEAN
HEMISPHERE	WEST
ISLAND	COUNTRY
LATITUDE	REGION
MAP	RIVER
SEA	SOUTH
MERIDIAN	TERRITORY

71 - Antártica

```
S  K  T  G  L  T  B  N  R  B  K  D  S  T  P  X
D  C  Z  E  M  F  O  A  L  U  S  N  I  N  E  P
N  C  I  D  M  A  O  V  Y  I  B  H  S  E  F  G
A  I  X  E  Q  P  M  M  Z  M  Z  I  W  N  N  L
L  S  O  V  N  B  E  R  W  O  K  L  P  I  O  A
S  G  P  G  C  T  H  R  H  Q  T  F  B  T  I  C
I  T  X  E  N  O  I  T  A  R  G  I  M  N  T  I
Y  F  Q  M  G  R  D  F  V  T  I  C  E  O  A  E
H  J  A  L  W  U  O  J  I  U  U  E  U  C  V  R
P  E  H  Y  D  I  C  X  A  C  P  R  H  U  R  S
A  T  N  E  M  N  O  R  I  V  N  E  E  A  E  S
R  O  C  K  Y  I  V  M  I  N  E  R  A  L  S  A
G  X  F  R  Z  R  E  T  A  W  S  N  L  E  N  V
O  E  X  P  E  D  I  T  I  O  N  P  P  G  O  C
E  R  E  S  E  A  R  C  H  E  R  P  K  D  C  H
G  P  E  N  G  U  I  N  S  E  C  Q  R  G  R  L
```

ENVIRONMENT	GEOGRAPHY
WATER	ISLANDS
BAY	RESEARCHER
SCIENTIFIC	MIGRATION
CONSERVATION	MINERALS
CONTINENT	PENINSULA
COVE	PENGUINS
EXPEDITION	ROCKY
GLACIERS	TEMPERATURE
ICE	

72 - Flores

```
V T L A N P R D X O S Y N V Y A
C P A P E R E W O L F N U S B I
N Q G J N F C O O X B Q S L C R
O R C H I D O A N L I L Y Z V E
I E A N M R G I L Y S I A D X M
L D L D S A A Q W E S O R T X U
E N I S A M R S I H N O M V E L
D E L T J Z D D X X N D V X C P
N V Y U T T E U Q U O B U B L I
A A Q L B N N C L O V E R L F I
D L T I A E I P O P P Y T M A C
A J V P O U A I L O N G A M L L
F D P S Y K B J L P T I V V N T
K Y U Y X H X P M E S G G A K K
R Z Y D M M V R M C J K F R Q X
G P T V A Q U Z H I B I S C U S
```

BOUQUET
CALENDULA
DANDELION
GARDENIA
SUNFLOWER
HIBISCUS
JASMINE
LAVENDER
LILAC
LILY

MAGNOLIA
DAISY
ORCHID
POPPY
PEONY
PETAL
PLUMERIA
ROSE
CLOVER
TULIP

73 - Fazenda #1

```
C Y E U V S M X O B K J D L K C
N H Z W O Q E Q F N E C N E F O
I R I K T S O A J J W E W I O O
R E R C H Z X F R Q N K F K C Q
K Z N D K I N E D X D N Q D R D
F I E L D E S R O H S Y C O O O
R L A K J D N U G G C A T G W N
A I T H H F A T O O L H A I O K
W T C J K L I L F A X W O P C E
A R I E M O G U T D K G G X Y Y
T E M I G C D C H O N E Y X T R
E F L A C K C I Z W F R R M N X
R R R V B Y V R W V K H U N L W
O N F T B U M G Y U P S J H B U
H R J A H X S A U K A W T H S F
G P Q E F S L F K P Z P S R Q N
```

BEE
AGRICULTURE
RICE
WATER
CALF
DONKEY
GOAT
FIELD
HORSE
DOG

FENCE
CROW
HAY
FERTILIZER
CHICKEN
CAT
HONEY
PIG
FLOCK
COW

74 - Livros

```
W  I  U  Y  R  T  E  O  P  P  V  P  W  S  F  L
B  O  U  Q  J  E  V  I  T  N  E  V  N  I  E  X
A  O  M  S  J  F  A  A  D  V  E  N  T  U  R  E
T  N  H  L  X  C  J  D  I  R  H  A  C  W  A  I
Z  Y  T  I  L  A  U  D  E  E  Z  S  O  R  U  D
M  R  V  P  S  E  P  I  C  R  T  X  L  I  T  G
A  O  C  V  O  T  X  E  T  N  O  C  L  T  H  O
P  T  P  C  O  E  O  Y  S  D  P  I  E  T  O  Q
Y  S  G  B  T  R  M  R  M  S  G  G  C  E  R  C
P  A  G  E  K  O  P  A  I  J  Q  A  T  N  O  C
S  E  R  I  E  S  L  R  G  C  W  R  I  Z  K  C
S  I  D  K  M  L  J  E  J  N  A  T  O  L  X  E
M  K  R  T  G  R  E  T  A  C  P  L  N  O  E  B
V  G  J  H  F  H  V  I  N  A  R  R  A  T  O  R
N  I  I  J  D  D  J  L  E  V  O  N  Q  X  S  Q
R  E  L  E  V  A  N  T  H  E  Z  T  V  B  A  A
```

AUTHOR
ADVENTURE
COLLECTION
CONTEXT
DUALITY
WRITTEN
EPIC
STORY
HISTORICAL
INVENTIVE

READER
LITERARY
NARRATOR
PAGE
POEM
POETRY
RELEVANT
NOVEL
SERIES
TRAGIC

75 - Chocolate

```
A  I  C  O  C  O  N  U  T  A  C  A  C  A  O  I
M  R  E  X  O  T  I  C  Q  N  S  P  B  G  D  N
O  R  T  D  N  J  A  O  U  T  N  E  I  V  H  G
R  F  E  I  O  O  J  Q  A  I  X  A  T  O  H  R
A  U  E  C  S  V  X  W  L  O  F  N  T  U  L  E
W  J  W  H  I  A  U  O  I  X  A  U  E  F  S  D
P  O  S  F  P  P  N  R  T  I  V  T  R  L  P  I
A  O  C  O  R  M  E  A  Y  D  O  S  J  A  N  E
U  S  T  A  M  E  D  G  L  A  R  Q  L  V  X  N
D  E  L  I  C  I  O  U  S  N  I  T  K  O  N  T
V  I  D  U  S  M  J  S  C  T  T  P  A  R  S  L
K  R  C  A  R  A  M  E  L  O  E  O  M  S  K  N
L  O  Q  Y  W  P  F  R  X  K  A  W  E  W  T  K
F  L  O  I  Z  R  F  C  Q  J  B  D  U  P  O  E
W  A  S  P  E  D  F  P  R  V  H  E  N  N  Q  D
L  C  O  S  H  C  F  M  N  B  O  R  Y  E  U  O
```

SUGAR	DELICIOUS
BITTER	SWEET
PEANUTS	EXOTIC
ANTIOXIDANT	FAVORITE
AROMA	TASTE
ARTISANAL	INGREDIENT
CACAO	POWDER
CALORIES	QUALITY
CARAMEL	RECIPE
COCONUT	FLAVOR

76 - Governo

```
S N O I T A N M D X E J D D M P
T C A I C O Y L M F E U E I O Q
A B I T A O G A S T Y D M S N Z
T G K V I B N W C W K I O C U W
E D C M I O T S I Q Y C C U M R
C I P H X L N L T P C I R S E B
N S J O I Y Q A I I Y A A S N L
E T E T J H H G L H T L C I T C
D R E D A E L H O S I U Y O D V
N I S P E E C H P N L F T N I G
E C I T S U J V C E A V H I L A
P T Q I A N R C T Z U U H L O T
E S L I B E R T Y I Q F E N B N
D H U E Q N U H P T E D Y Z M E
N L W G Q S L B G I D L M C Y V
I Y Z V Q Y L J D C V V Q B S H
```

CITIZENSHIP   JUDICIAL
CIVIL   JUSTICE
CONSTITUTION   LAW
DEMOCRACY   LIBERTY
SPEECH   LEADER
DISCUSSION   MONUMENT
DISTRICT   NATIONAL
STATE   NATION
EQUALITY   POLITICS
INDEPENDENCE   SYMBOL

77 - Jardinagem

```
S W F E Z Z B O T A N I C A L C
E E A C O M P O S T M F I D A O
I G E T A M I L C I O L E E N N
C I L D E D I R T W I O Y D O T
E K I D S R Q B W S S R G I S A
P V O B O Z T B Q N T A H B A I
S H S A H V S L D K U L T L E N
H I D U V N T O H W R T A E S E
O J Y K I V X S F P E Y D W N R
O R F A N Y W S O N G F G Y R E
M Y C C L O U O L I Q T P S Q X
E L M H S O P M I C F Y T R Q O
H C A Y A T T M A G X T H F N T
I N M N Z R O G G Y R Y E S B I
K R C D P C D L E T X Q H F M C
J A H L B O U Q U E T F X U U Z
```

WATER
BOTANICAL
BOUQUET
CLIMATE
EDIBLE
COMPOST
SPECIES
EXOTIC
BLOSSOM
FLORAL

LEAF
FOLIAGE
HOSE
ORCHARD
CONTAINER
SEASONAL
SEEDS
SOIL
DIRT
MOISTURE

78 - Profissões #2

```
J R U L Z R M J J B Q N V K F A
Z T S I U G N I L I U P T T E S
P G X B R W D Z N O E G R U S T
H A R R H B V U E L D N T C T R
I R E A E V B Q Q O P A X U Z O
L D H R F E P U T G A I C M B N
O E C I D J N X U I R C L X R A
S N R A G E Q I R S K I W O O U
O E A N B Z N Q G T B S Z C T T
P R E O N R E T F N Z Y F F N N
H R S H Y E T Q I R E H C A E T
E G E M G U N U I S D P H H V E
R N R E H P A R G O T O H P N A
I L L U S T R A T O R K W E I M
V X F A R M E R E T N I A P B X
J O U R N A L I S T B G Y E U E
```

FARMER
ASTRONAUT
LIBRARIAN
BIOLOGIST
SURGEON
DENTIST
ENGINEER
PHILOSOPHER
PHOTOGRAPHER
ILLUSTRATOR

INVENTOR
RESEARCHER
GARDENER
JOURNALIST
LINGUIST
PHYSICIAN
PILOT
PAINTER
TEACHER

79 - Negócios

```
W  V  B  J  Z  S  Y  Y  C  Y  S  C  J  Y  A  T
I  N  V  E  S  T  M  E  N  T  A  F  O  E  Z  A
V  J  H  C  E  H  R  J  M  E  L  I  E  S  V  X
W  O  E  I  M  M  E  A  R  G  E  N  M  I  T  E
K  H  R  F  O  T  P  T  P  D  D  A  P  D  I  S
S  W  J  F  C  O  X  L  W  U  Y  N  L  N  F  C
X  H  N  O  N  G  F  N  O  B  C  C  O  A  O  I
K  L  O  B  I  U  H  Y  T  Y  N  E  Y  H  R  M
Z  Y  E  P  N  O  U  E  Z  W  E  C  E  C  P  O
L  N  A  N  T  C  A  R  E  E  R  R  E  R  M  N
F  A  C  T  O  R  Y  P  O  L  R  C  U  E  O  O
J  P  P  I  I  K  O  I  R  P  U  P  V  M  N  C
U  M  C  P  L  F  K  C  B  X  C  E  Z  I  E  E
V  O  P  I  Y  E  K  W  S  J  Z  J  H  H  Y  O
F  C  P  T  Z  V  K  S  O  K  R  L  R  X  C  W
I  V  H  E  Y  D  I  S  C  O  U  N  T  G  X  I
```

CAREER	FINANCE
COST	TAXES
DISCOUNT	INVESTMENT
MONEY	SHOP
ECONOMICS	PROFIT
EMPLOYEE	MERCHANDISE
EMPLOYER	CURRENCY
COMPANY	BUDGET
OFFICE	INCOME
FACTORY	SALE

80 - Fazenda #2

```
B Y R T R A C T O R O T Y G V N
E G B I Y W I S H E P H E R D G
E A C K P E E H S O V K L V J F
H K N K I E B A Z P V W R E H U
I T F D O Y D K B J L A A G E I
V K D V W S H A V L S N B E Z R
E W J V F N R O C O T I V T G R
K C U D D R A H C R O M W A Y I
L M E K I A U C X S D A E B A G
I A U H A B K I A G Y L O L D A
M M M U D O Y G T L Q S V E K T
T A T B D D R Q A F A R M E R I
Y L T C G M V G E L D L N B U O
X L V M W X W E H F N P Q U L N
U W L F T B D O W O D A E M J V
S Z X Z T T Y E A I E B V V Y O
```

FARMER
ANIMALS
BARN
BARLEY
BEEHIVE
LAMB
FRUIT
IRRIGATION
MILK
LLAMA

RIPE
CORN
SHEEP
SHEPHERD
DUCK
ORCHARD
MEADOW
TRACTOR
WHEAT
VEGETABLE

81 - Jardim

```
F Z D S R Y J B Y I O B J Z X Y
G L B L C C K E K A R P H F A H
Q R F I F W J N W A L F F O G A
X V A O M O V C K X K P L O Y M
G E K S Q R O H V F S U O L M M
H H J I S C P S K T D L W O Y O
Y J P K I H J U V J M E E R T C
U M S I C A V B E N I V R P A K
M E R V Z R H Q H Q M O G F B E
J J J E E D F N Z V E H S C G J
G M V F N N A K V P A S F G I F
H P S K E N I L O P M A R T I I
K O H P D N O P S I I D W X D L
E K S V R H C R O P C Z C T Q A
V H T E A L Z E G A R A G C X U
A U P T G U R U T E R R A C E F
```

RAKE	POND
BUSH	HAMMOCK
TREE	HOSE
BENCH	SHOVEL
FENCE	ORCHARD
FLOWER	SOIL
GARAGE	TERRACE
GRASS	TRAMPOLINE
LAWN	PORCH
GARDEN	VINE

82 - Oceano

```
B C O D A X Y W S I F X B Y A O
O E C S H A R K P E C Q L L T T
R E T S Y O D X O X D X P R R X
O M O Y R H Y E N T C I A L P A
A S P R N R P G B W V T V E D
U X U O Y A H F E S T O R M R O
B K S X A Q T V A Z C D L A V L
T D C Y R X P N K B O S S Q V P
T U R T L E E E L O R E H Z Q H
J E L L Y F I S H A A Q R S W I
C I P G U E P V R T L X I H I N
T U N A H E L M C B L V M T G F
Q W J Q C R R A L G A E P P H O
D S W L U R E Y H C R A B O K B
G A G L S A L T G W F W W B R G
A V Y J E W T J G Q A G E H D K
```

ALGAE	TIDES
TUNA	JELLYFISH
WHALE	OYSTER
BOAT	FISH
SHRIMP	OCTOPUS
CRAB	REEF
CORAL	SALT
EEL	TURTLE
SPONGE	STORM
DOLPHIN	SHARK

83 - Profissões #1

```
K A R E H P A R G O T R A C Z U
U G K O S X S A F U R M O Z V A
I H P H H W T S Y Z Z A K F N R
L P W W F Z R O L I A S T G U T
G R N Y G S O A M K W T S Z R I
R E T N U H N A I C I S U M S S
E K O D C Q O I N D P I I E E T
B N E L X L M M Y O Q T H D A P
M A R J O I E U I P B N V I T T
U B O N F G R E L E W E J T T C
L Q M D A L I O D W O I O O O B
P I A N I S T S C A G C W R R H
B Q A L K C Z S T W N S E R N N
F I R E F I G H T E R C P V E N
A M B A S S A D O R B X E O Y N
P S Y C H O L O G I S T H R P F
```

ATTORNEY	AMBASSADOR
ARTIST	PLUMBER
ASTRONOMER	NURSE
BANKER	GEOLOGIST
FIREFIGHTER	JEWELER
HUNTER	SAILOR
CARTOGRAPHER	MUSICIAN
SCIENTIST	PIANIST
DANCER	PSYCHOLOGIST
EDITOR	

84 - Força e Gravidade

```
F Y G F W N E U G S M E M U T Y
G R S I U X E F E Y A C E N H F
S E I T R E P O R P G M C I E R
U Y X C I M A N Y D N A H V H Q
Q D A L T T A P T N E G A E V Z
E B I V T I A T U L T N N R B L
X S C S E B O U R Z I I I S L C
P T S E C R V N D F S T C A V F
A P P R N O T I M E M U S L A M
N K D U A T V S H I V D R M Q P
S A F S T D E E P S K E Z J L L
I Q F S S G M R R I M P A C T A
O D J E I X O V L Y M U Z C Y N
N R V R D P H Y S I C S J F Y E
D W M P W E I G H T R O J T N T
C X W H V K U A R A L M W X X S
```

FRICTION   MAGNITUDE
CENTER   MECHANICS
DISCOVERY   ORBIT
DYNAMIC   WEIGHT
DISTANCE   PLANETS
AXIS   PRESSURE
EXPANSION   PROPERTIES
PHYSICS   SPEED
IMPACT   TIME
MAGNETISM   UNIVERSAL

85 - Abelhas

```
W Y W S L W F T A F C Y Z V B S
O M E J L N L L P E Q L V V V A
M H P D U Z Q B O L T E C E N M
L N U S F Q S B X W A P M C D D
B E N E F I C I A L E N E E U Q
V L E D J R G K W J Z R T P B B
P L D J I O N H S Q C L S S L Z
C O R J V V I N S E C T Y T O J
H P A H D Y E N O H O N S K S X
R F G I Q O M R A W S Q O D S V
K N I V K Y R K S G Y Q C J O W
P K Q E C S Y D A I D O E F M I
F U N K C M X I T A T I B A H N
C L Q O M I U Q F U X Y M Q N G
L H B M U A P U Y N F R U I T S
Y W J S X D F K Z B N W S B G E
```

WINGS	SMOKE
BENEFICIAL	HABITAT
WAX	INSECT
HIVE	GARDEN
DIVERSITY	HONEY
ECOSYSTEM	PLANTS
SWARM	POLLEN
BLOSSOM	QUEEN
FLOWERS	SUN
FRUIT	

86 - Ciência

```
Y O E H Y P O T H E S I S P P L
B M R M U E R K H X S K I H A A
U I U G G J Q G P M B U Y Y R B
J N T C A F J S I E O J F S T O
P E A M K N W M J C C V N I I R
W R N V N O I T U L O V E C C A
E A M O U Q D S A U C E R S L T
Z L X A B P X U M E S H H T E O
D S E L U C E L O M D H H N S R
A O S C I E N T I S T J Q A C Y
T A H D S L A C I M E H C L L Q
A O S T R L L T W Y T L R P I B
N X N N E S M H O P V Q K M M Q
C Z T A Q M F A O M Z O Z P A Y
P H O B S E R V A T I O N F T R
F O S S I L G G R A V I T Y E D
```

ATOM
SCIENTIST
CLIMATE
DATA
EVOLUTION
FACT
PHYSICS
FOSSIL
GRAVITY
HYPOTHESIS

LABORATORY
METHOD
MINERALS
MOLECULES
NATURE
OBSERVATION
ORGANISM
PARTICLES
PLANTS
CHEMICAL

87 - Comida #1

```
A P R I C O T S V M D A C O P S
M I L K H D H O S A L A D B W P
Z B Z B U T H U J E H I U A C I
K Q S N Q P X P Q U C E O R B N
Y P I B A S I L I R I O I L L A
C I N N A M O N F N Q C Q E H C
T G H M M K T T G X R W E Y L H
C O J P V B R W A M A U Q R E H
S A L T V I O O R V G Z T R M W
E L G O Z J O N L T U N A E P E
J G Z V X S R I I L S R O B G N
C A R R O T L O C I D A S W W C
F E L N V L E N F V H J F A J A
D M R O L D M B N G M U E R X Y
C A K E R D O T U N A K T T I C
D C E D G U N X Z W N R P S R R
```

SUGAR	SPINACH
GARLIC	MILK
PEANUT	LEMON
TUNA	BASIL
CAKE	STRAWBERRY
CINNAMON	TURNIP
ONION	SALT
CARROT	SALAD
BARLEY	SOUP
APRICOT	JUICE

88 - Geometria

```
O L C D O G L S S A M S H E R V
D N A I D E M U S E E E O Q D E
P X T A G H O R H K H G R U T R
Z A H M V O O F U C T M I A H T
H R G E C O L A V I K E Z T E I
N O I T A L U C L A C N O I O C
O M E E O Y C E L M Y T N O R A
I H H R S Y M M E T R Y T N Y L
S C I R C L E I L L B S A N C C
N B C I O A O Z L S G W L T J X
E V R U C W I X A A Y N B L W S
M E Y L Q I Z J R V U Y A P X A
I O X W R R X C A R V H Y I V V
D A N G L E C I P I F R R K R Z
P R O P O R T I O N O H W C H T
I J X A Q L J W R A B T E U M B
```

HEIGHT	MASS
ANGLE	MEDIAN
CALCULATION	PARALLEL
CIRCLE	PROPORTION
CURVE	SEGMENT
DIAMETER	SYMMETRY
DIMENSION	SURFACE
EQUATION	THEORY
HORIZONTAL	TRIANGLE
LOGIC	VERTICAL

89 - Pássaros

```
R M I X M B F L I V H W O F D U
B W A V W C S B D L Z W F K U I
P I G E O N E K C I H C T T C Y
F W C T R M E V M R E K H N K W
I Q A O C C D N Q E I D Q Q W M
S P A R R O W P E A C O C K V K
T B W R L O G N I M A L F R L O
E C G A I K O O I O E S O O G K
O G P P B C W R K U A B N T F J
F S G B G U U E Y L G G I S T V
G B T R W C V H F C L N S W A N
U Q O R G N A C I L E P E R P A
L G A X I L N Y A H G F L P W C
L F P O P C E Z J M E I G Z A U
X Q K P G A H J P T C B J N Z O
Z N K H Z H C R E P P U B X G T
```

OSTRICH	HERON
EAGLE	EGG
STORK	PARROT
SWAN	SPARROW
CROW	DUCK
CUCKOO	PEACOCK
FLAMINGO	PELICAN
CHICKEN	PENGUIN
GULL	PIGEON
GOOSE	TOUCAN

90 - Literatura

```
L  M  S  C  U  A  B  U  S  A  C  Y  T  R  T  N
M  K  E  S  K  W  N  I  N  T  C  G  V  H  R  M
N  O  I  S  U  L  C  N  O  C  Y  D  D  Y  A  C
O  I  T  K  Q  E  R  O  I  G  G  L  I  M  G  O
I  H  T  Z  H  V  J  I  T  M  R  N  E  E  E  M
T  A  D  F  Z  O  Z  N  P  H  O  A  R  I  D  P
C  W  I  D  E  N  U  I  I  G  H  A  P  P  Y  A
I  K  A  V  M  D  J  P  R  M  P  N  M  H  P  R
F  D  L  Y  P  O  B  O  C  Q  A  A  R  V  Y  I
S  Y  O  S  O  T  U  L  S  N  T  L  G  M  G  S
F  U  G  M  E  Y  L  D  E  T  E  Y  R  M  O  O
W  H  U  R  M  M  V  S  D  H  M  S  L  J  L  N
W  L  E  S  H  H  E  W  J  G  X  I  I  F  A  N
R  H  Y  T  H  M  V  H  S  Z  B  S  A  Q  N  B
J  B  S  A  R  E  X  E  T  O  D  C  E  N  A  E
N  A  R  R  A  T  O  R  O  H  T  U  A  S  P  M
```

ANALOGY	FICTION
ANALYSIS	METAPHOR
ANECDOTE	NARRATOR
AUTHOR	OPINION
BIOGRAPHY	POEM
COMPARISON	RHYME
CONCLUSION	RHYTHM
DESCRIPTION	NOVEL
DIALOGUE	THEME
STYLE	TRAGEDY

91 - Química

```
E  N  I  L  A  K  L  A  B  X  W  T  J  E  N  M
Q  S  U  F  C  V  V  A  C  I  D  E  T  L  J  O
H  W  A  C  I  N  A  G  R  O  R  M  N  E  U  L
H  U  O  L  L  L  A  J  X  B  E  P  O  M  C  E
D  J  T  U  T  E  M  Y  Z  N  E  E  N  E  E  C
O  P  J  Z  F  T  A  E  H  U  W  R  A  N  L  U
X  N  Z  T  T  P  W  R  C  C  W  A  X  T  E  L
J  D  X  H  S  Q  F  O  X  T  H  T  K  S  C  E
F  G  X  G  Y  O  X  Y  G  E  N  U  F  K  T  N
N  P  C  I  L  D  I  U  Q  I  L  R  O  X  R  R
J  Z  O  E  A  U  R  G  A  S  G  E  E  Q  O  T
U  Q  L  W  T  R  J  O  P  C  M  K  N  Y  N  M
Z  K  R  G  A  J  F  G  G  O  K  M  A  F  O  A
Q  V  P  H  C  Q  M  N  K  E  N  M  W  B  I  N
C  H  L  O  R  I  N  E  H  F  N  O  B  R  A  C
I  Q  C  F  D  Z  B  X  U  P  W  H  G  F  Z  I
```

ALKALINE	HYDROGEN
ACID	ION
HEAT	LIQUID
CARBON	MOLECULE
CATALYST	NUCLEAR
CHLORINE	ORGANIC
ELEMENTS	OXYGEN
ELECTRON	WEIGHT
ENZYME	SALT
GAS	TEMPERATURE

92 - Clima

```
H R Z U L R Y O B G D M Q A T T
U A U C I K L O D A N R O T W E
R I N X G C I K M J I O Q M M M
R N R Z H M S F T E W T H O O P
I B F F T W Y K S A I S K S N E
C O O Q N O R E D N U H T P S R
A W O H I N D A N D X T W H O A
N R Y B N N A C L U N R E E O T
E H C A G F O W F O G O U R N U
B R E E Z E I C E L P P Y E D R
B W G R N X T D T C E I Y T R E
E S U G Y G E N A W M C U E O G
C V R H B D J E M S V A M P U J
N L X R G K X Z I K H L Z F G M
I R L Z W L H J L W H N X N H K
N S H X I Q Y E C V Z H E K T G
```

RAINBOW	POLAR
ATMOSPHERE	LIGHTNING
BREEZE	DROUGHT
SKY	DRY
CLIMATE	TEMPERATURE
HURRICANE	STORM
ICE	TORNADO
MONSOON	TROPICAL
FOG	THUNDER
CLOUD	WIND

93 - Arte

```
P P E H M G H M H B O E C C S I
J E O D L E I I D K U X D R C P
T K R R R W Z X P H J P G E U R
R J A S T S I M P L E R T A L L
C N J G O R K F E P X E S T P D
D O O M Q N A D X E F S Y E T Z
C I M K V Z A Y K N B S M K U P
E T S P Q T D L I G L I B I R A
R I I S L S V A W M L O O N E I
A S L A A E R U G I F N L S W N
M O A U N N X S D W Y Z X P D T
I P E W I O Y I Z S A X A I A I
C M R R G F L V O X X B Z R E N
W O R B I S U B J E C T I E V G
L C U Y R T E O P W H S S D G S
I Z S S O X S J U H T Z J K B Z
```

CERAMIC   ORIGINAL
COMPLEX   PERSONAL
COMPOSITION   PAINTINGS
CREATE   POETRY
SCULPTURE   PORTRAY
EXPRESSION   SIMPLE
FIGURE   SYMBOL
HONEST   SUBJECT
MOOD   SURREALISM
INSPIRED   VISUAL

94 - Diplomacia

```
H C A J C N O I S S U C S I D C
U O M U O N D D N F V O O L T E
M M B S O C R S E D N N L E E Y
A M A T P Q U Q Z Q D F U D I B
N U S I E E T H I C S L T P S I
I N S C R C V N T S Q I I B B L
T I A E A L S E I M E C O J W K
A T D N T Y A D C A R T N C Q S
R Y O L I O T N E M N R E V O G
I Y R T O M H N G A D V I S E R
A N R K N N O I T U L O S E R B
N E L H U L G Y S S A B M E T V
F P O L I T I C S L T G H Q A C
D I P L O M A T I C I H E G M I
Z T K R O N Y T I R U C E S U X
I N T E G R I T Y T A E R T X U
```

CITIZENS
COMMUNITY
CONFLICT
ADVISER
COOPERATION
DIPLOMATIC
DISCUSSION
EMBASSY
AMBASSADOR
ETHICS

GOVERNMENT
HUMANITARIAN
INTEGRITY
JUSTICE
LANGUAGES
POLITICS
RESOLUTION
SECURITY
SOLUTION
TREATY

95 - Comida # 2

```
J R K K O S W K I P K B B O A A
L G N T S P P A R N Y A C B R F
S L K M I Y T D G U H N F R T X
R H K V F A D N W L V A Q O I M
Y C H E E S E O G H F N Z C C M
M O O R H S U M H J E A J C H Q
Z T G E G G P L A N T A W O O X
M A G U C A H A E I A F T L K H
G M E X R H N F F F L B U I E C
S O L L Y T E H W E O K H Q U C
U T P X X W K R W H C K I W I D
X I P L Z E C I R D O H F I S H
U Q A M B P I T U Y H A H J F F
X D M Y B A H J N B C M C Q I J
Q C J V Q R C Z R P M W L D P W
S W E Z R G U N R A W C K P D E
```

ARTICHOKE	YOGURT
ALMOND	KIWI
RICE	APPLE
BANANA	EGG
EGGPLANT	FISH
BROCCOLI	HAM
CHERRY	CHEESE
CHOCOLATE	TOMATO
MUSHROOM	WHEAT
CHICKEN	GRAPE

96 - Universo

```
Z S C E L E S T I A L S N A N A
O R O A P R E M O N O R T S A S
D L S L T I B R O A T N E T S T
I U X K S M B R O J E X R R I E
A Z S K Y T O V A Q P T E O X R
C B A U G S I S H P O N H N I O
N R D U S H O C P N C O P O W I
Z W E I K E Y N E H S Z S M M D
Q O E Q U A T O R U E I I Y E X
N X L D H E I O C I L R M H B N
B T B Z U E K M T V E O E F E N
U E I E S T T F J L T H H Z K D
H B S Q M O I C O S M I C E I M
Q C I R E D U T I G N O L H L W
Q N V J A S Y X A L A G B L H M
S O L A R F K G N L F Y C U W H
```

ASTEROID	HORIZON
ASTRONOMY	LATITUDE
ASTRONOMER	LONGITUDE
ATMOSPHERE	MOON
CELESTIAL	ORBIT
SKY	SOLAR
COSMIC	SOLSTICE
EQUATOR	TELESCOPE
GALAXY	VISIBLE
HEMISPHERE	ZODIAC

97 - Jazz

```
T A D F G M N S Q W Y D L X E O
C N V H V U W M T N E L A T Y R
S O C Y C S M U B Y S O N G U C
F E M V B I F R V S L V O O J H
D Z W P O C N D H S G E I A L E
Z F Y S O R V E Q C Q U T L F S
G E N R E S A G W E Y Q A B N T
R H Y T H M I Z F K I I S U D R
D D S T L F O T S F J N I M F A
C O M P O S E R I T G H V J A Q
F A V O R I T E S O W C O D M Y
A R T I S T L C A N N E R J O A
S G U G V P Q N H C Y T P Z U L
K R U D C Y R O P Z T X M O S C
M C E M I F A C M X S Y I B K B
W H P V W Q T E E Z O W E B K A
```

ARTIST
ALBUM
DRUMS
SONG
COMPOSITION
COMPOSER
CONCERT
STYLE
EMPHASIS
FAMOUS

FAVORITES
GENRE
IMPROVISATION
MUSIC
NEW
ORCHESTRA
RHYTHM
TALENT
TECHNIQUE
OLD

98 - Barcos

```
S E A D M J B Q O O T Z T A E B
S J T O W D B L H M A R P N C O
O L I F A F X O T T O Y L C O I
E C S M Y E K A L W W N Q H J Q
K J E L J R O L I A S Q Y O R M
Q G D A A R F R I T E P O R G A
J D B C N Y V G X J V S N J X I
H F I I L T T E M C A R W C X G
U N I T S I K O L R W I U G C U
C B W U K J M J R A E V A V F Q
K A Y A K B U O Y F R E H L F W
C Q N N H R K P I T C R V R F A
C X Y O U Z E N G I N E D O C K
M A S T E C J D X O Y P M D Q O
G H E X K Q Y X I W N E K U I J
B T C X V X X Q H T H C A Y D U
```

ANCHOR	SEA
FERRY	TIDE
BUOY	SAILOR
KAYAK	MAST
CANOE	ENGINE
ROPE	NAUTICAL
DOCK	OCEAN
YACHT	WAVES
RAFT	RIVER
LAKE	CREW

99 - Mamíferos

```
B K S C W D Q K E B J I G P N P
P E E H S X F A T A U G U F W B
A T A P L E D N E G H L H I B V
D O G V D X V G J I O E L A H W
P Y P N E R O A W R R M V O W T
V O X A A R Y R C A C A M N P I
A C I Y L S N O Y F F C Z E R F
S G D R C L T O E F L O W D Z G
G J J Z Q Y I N K E P V C I S K
Z C L Z P K B R N O I L A A H P
H O R S E R B F O X O D T A O E
B W Q I X T A R M G Z Z D I E T
J H U E V H R D U O E A B V Y U
E L E P H A N T D D B O W K U T
Z H K S F H A V R W R S D V X R
E J U D O L P H I N A E Y Q T T
```

WHALE   GIRAFFE
CAMEL   DOLPHIN
KANGAROO   GORILLA
BEAVER   LION
HORSE   WOLF
DOG   MONKEY
RABBIT   SHEEP
COYOTE   FOX
ELEPHANT   BULL
CAT   ZEBRA

100 - Atividades e Lazer

```
T  Y  G  C  U  W  X  G  Q  D  Y  T  X  I  G  U
R  R  X  P  I  L  L  A  B  T  E  K  S  A  B  C
A  Q  A  D  D  U  H  R  S  X  B  Z  L  W  T  Q
P  W  B  V  Z  L  O  D  P  X  P  N  S  F  E  Q
A  J  O  L  E  H  B  E  B  X  H  Q  M  R  S  Q
I  F  X  N  Q  L  B  N  T  P  C  D  P  Z  B  A
N  T  I  G  Y  P  I  I  W  E  G  N  I  K  I  H
T  G  N  Q  S  Z  E  N  G  G  N  I  V  I  D  R
I  N  G  O  Q  G  S  N  N  I  N  W  F  D  E
N  I  Y  G  K  P  B  Y  I  I  H  S  I  C  P  L
G  P  R  A  C  I  N  G  F  M  S  J  I  S  Q  A
V  M  Z  S  O  C  C  E  R  M  I  L  U  P  H  X
B  A  S  E  B  A  L  L  U  I  F  W  Q  D  W  I
L  C  X  V  W  P  P  Z  S  W  K  L  K  Q  V  N
I  B  V  C  A  H  F  V  E  S  Q  Y  O  K  Z  G
V  O  L  L  E  Y  B  A  L  L  I  L  X  G  T  S
```

CAMPING   GARDENING
ART   DIVING
BASKETBALL   SWIMMING
BASEBALL   FISHING
BOXING   PAINTING
HIKING   RELAXING
RACING   SURFING
SOCCER   TENNIS
GOLF   TRAVEL
HOBBIES   VOLLEYBALL

1 - Dirigindo

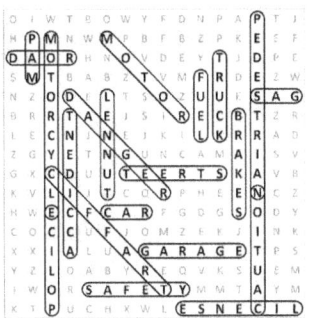

2 - Antiguidades

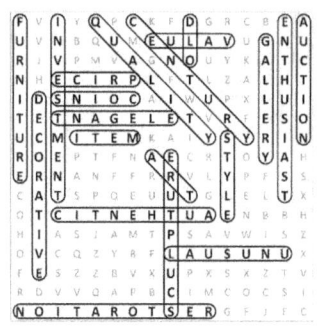

3 - Churrascos

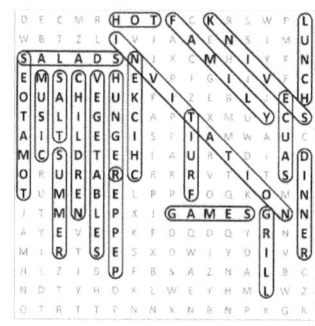

4 - Geologia

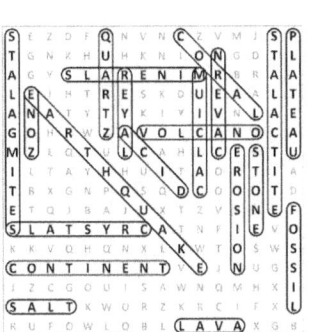

5 - Ética

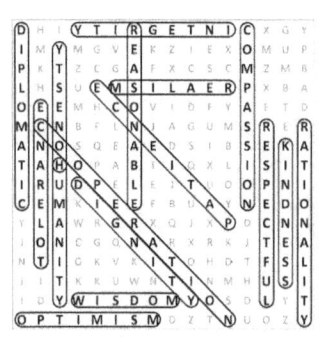

6 - Tempo

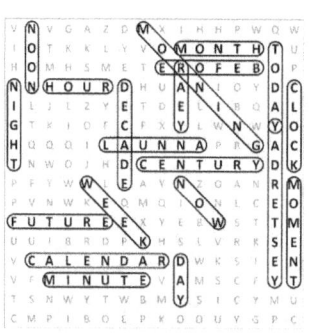

7 - Astronomia

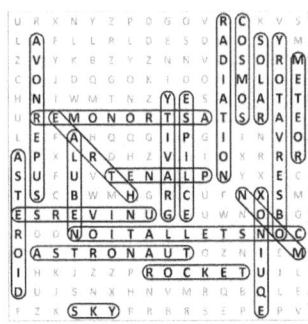

8 - Acampamento

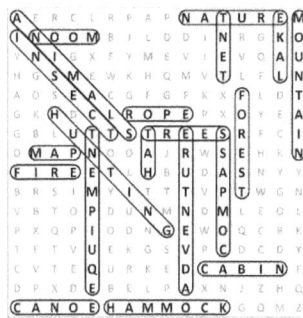

9 - Ficção Científica

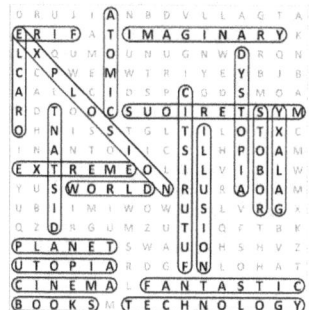

10 - Mitologia

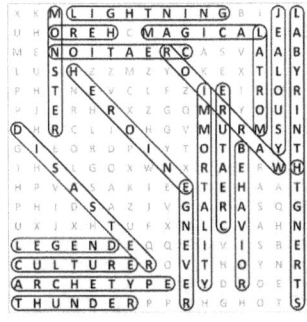

11 - Medições

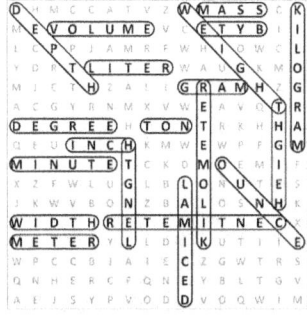

12 - Álgebra

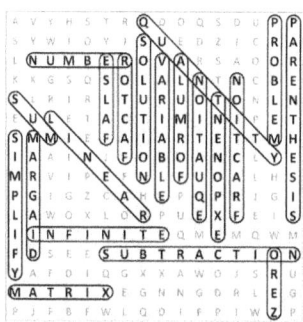

13 - Plantas

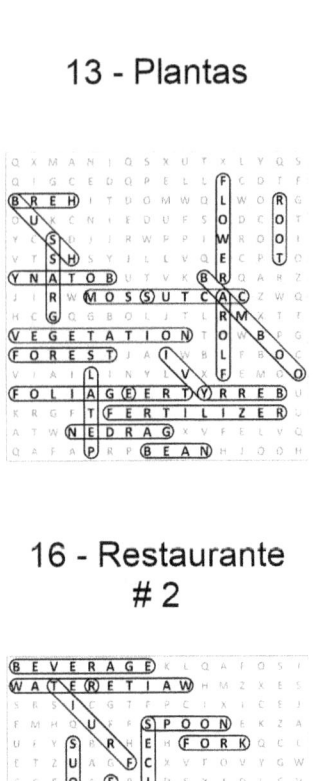

14 - Veículos

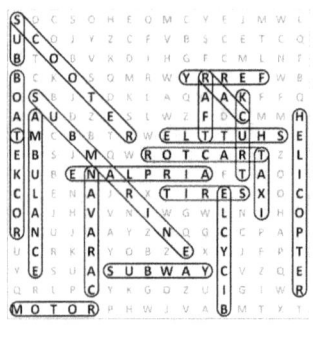

15 - Engenharia

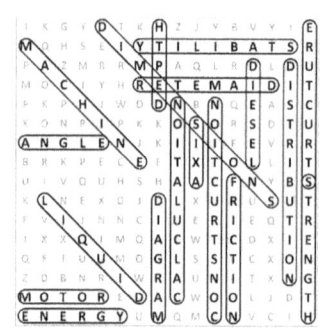

16 - Restaurante # 2

17 - Países #2

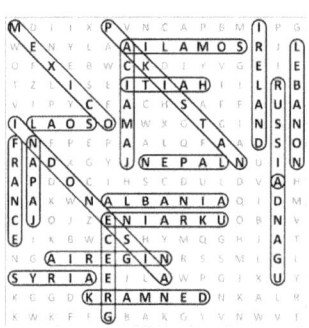

18 - Cozinha

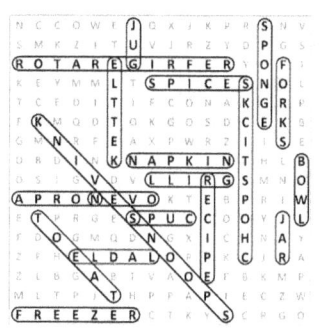

19 - Material de Arte

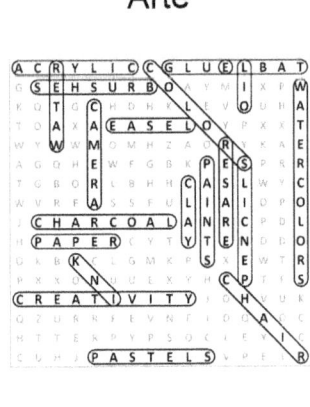

20 - Números

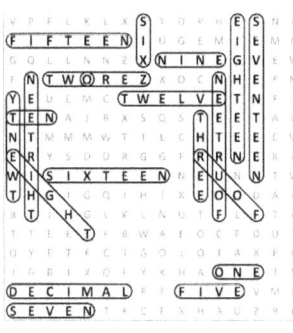

21 - Física

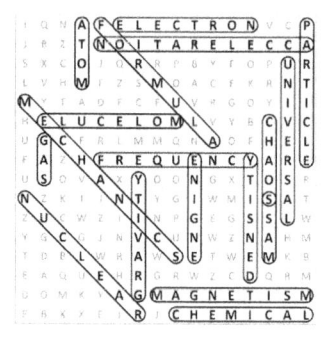

22 - Especiarias

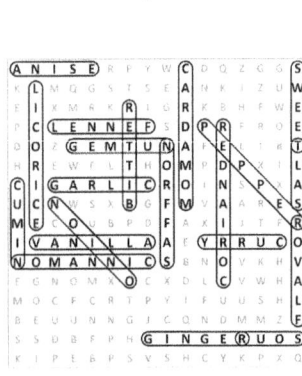

23 - Países #1

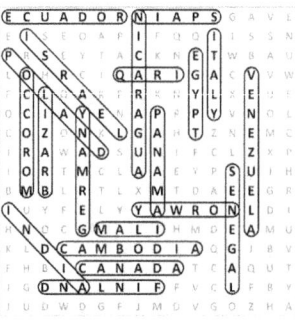

24 - A Mídia

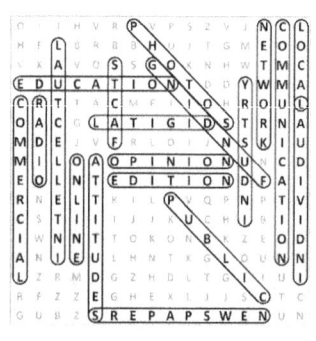

25 - Casa

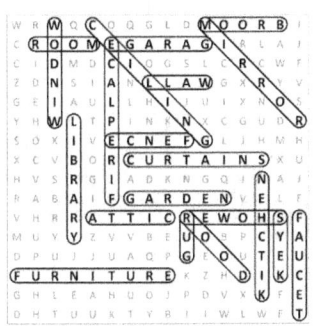

26 - Vegetais

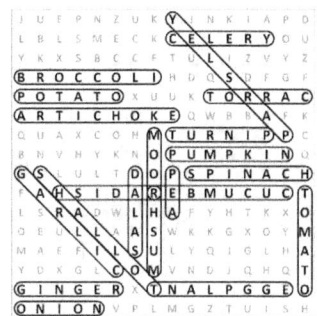

27 - Balé

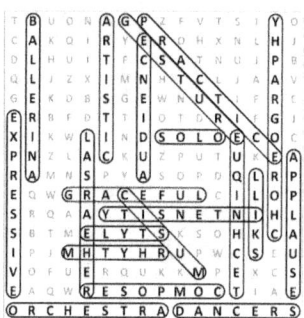

28 - Adjetivos #1

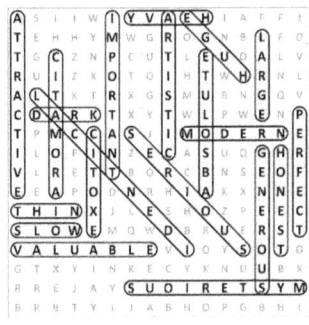

29 - Psicologia

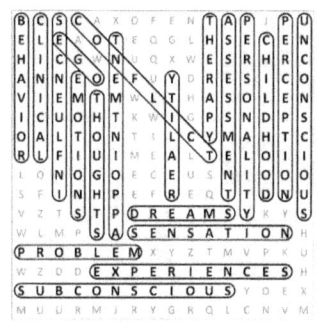

30 - Paisagens

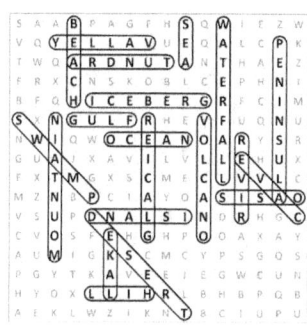

31 - Dança

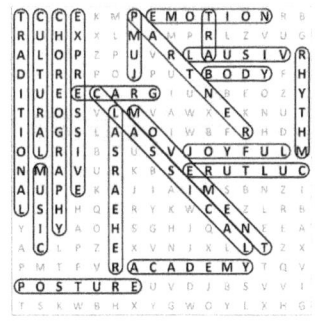

32 - Nutrição

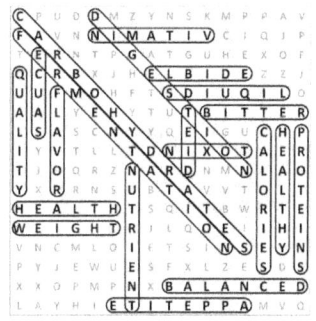

33 - Energia

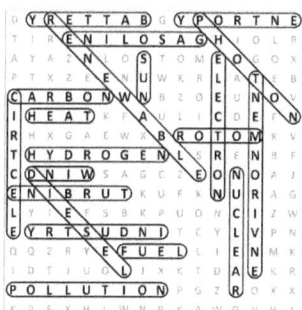

34 - Disciplinas Científicas

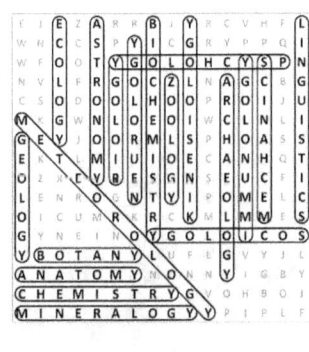

35 - Meditação

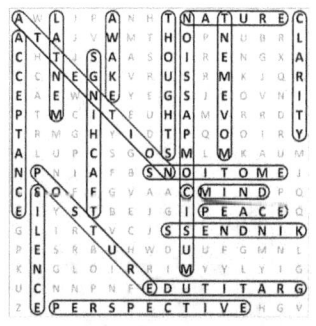

36 - Artes Visuais

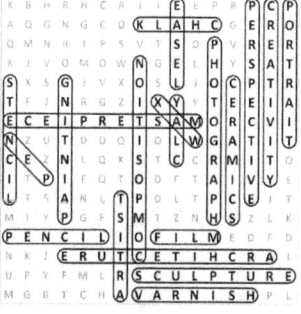

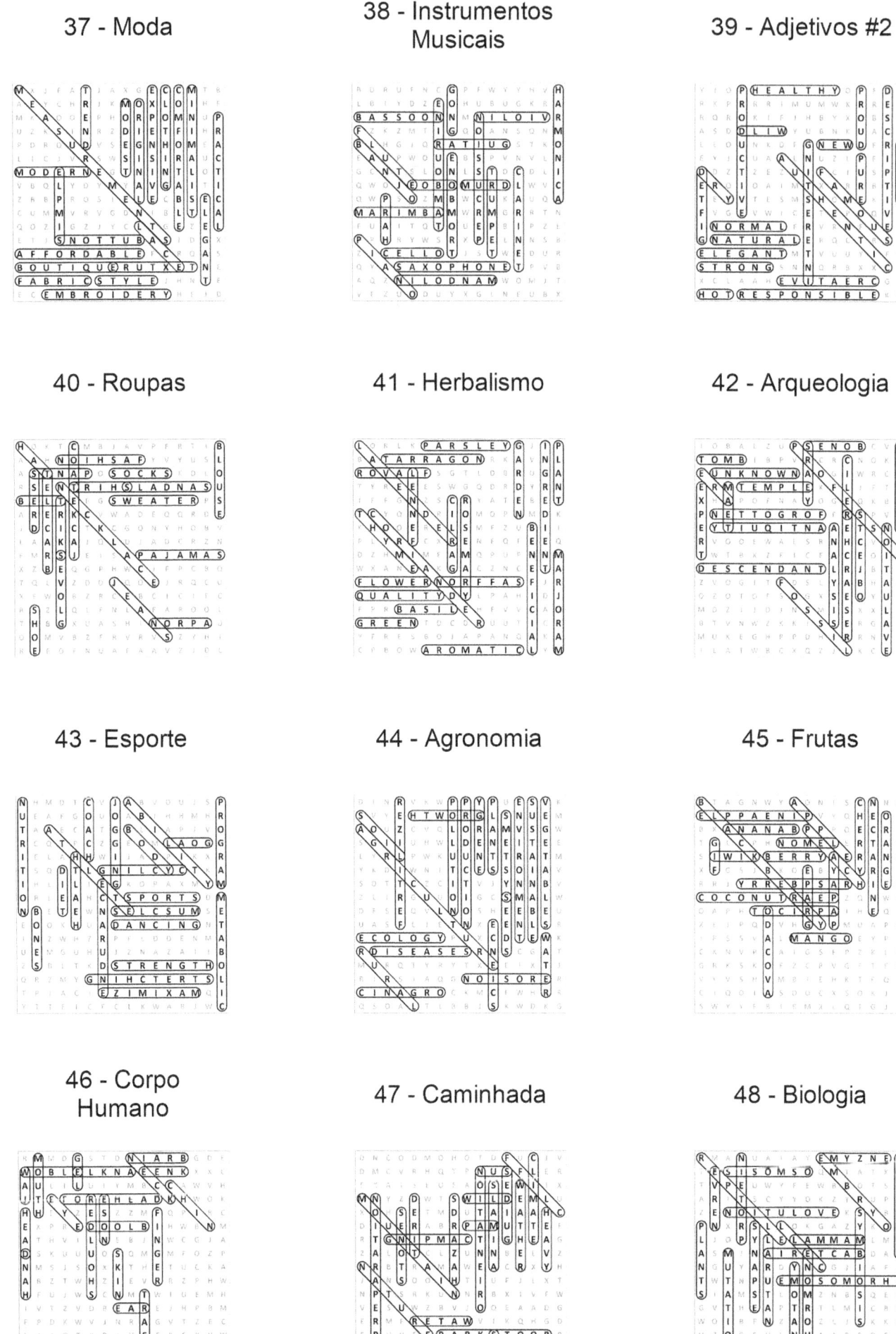

37 - Moda

38 - Instrumentos Musicais

39 - Adjetivos #2

40 - Roupas

41 - Herbalismo

42 - Arqueologia

43 - Esporte

44 - Agronomia

45 - Frutas

46 - Corpo Humano

47 - Caminhada

48 - Biologia

49 - Beleza

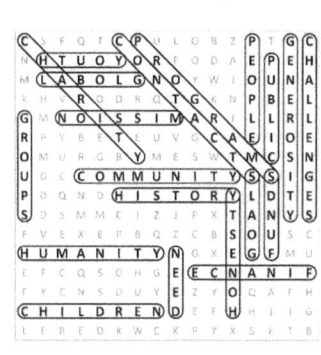

50 - Filantropia

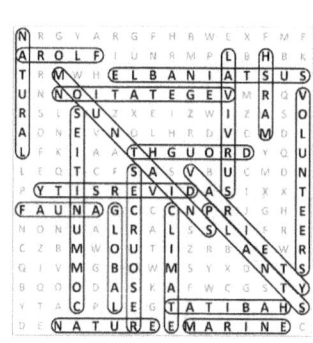

51 - Ecologia

52 - Família

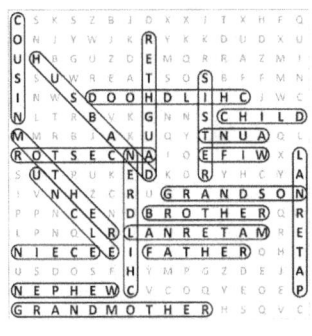

53 - Férias #2

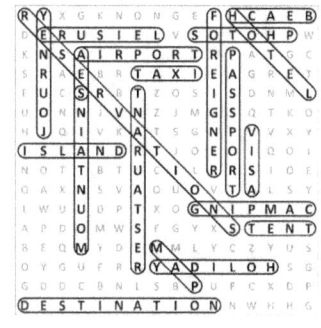

54 - Edifícios

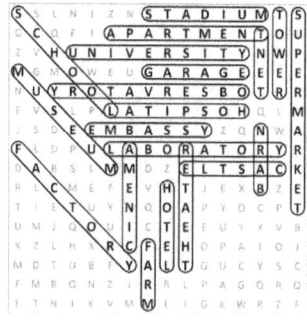

55 - Aventura

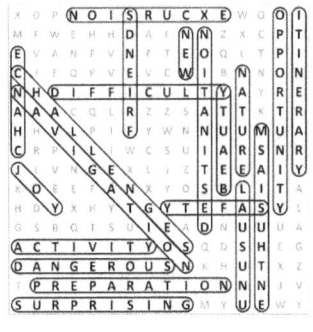

56 - Floresta Tropical

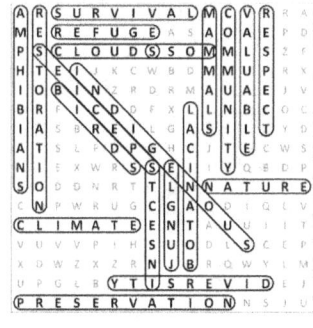

57 - Cidade

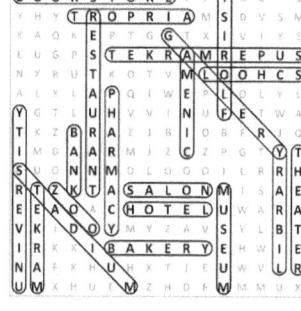

58 - Música

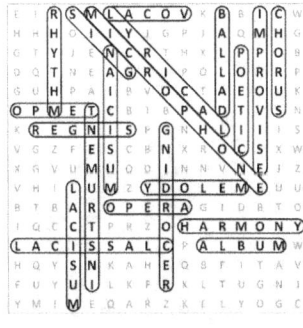

59 - Matemática

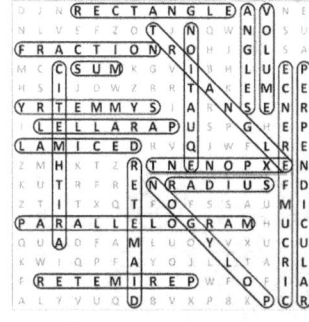

60 - Saúde e Bem Estar #1

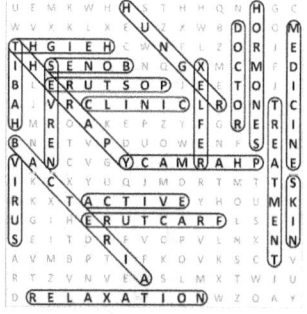

61 - Natureza

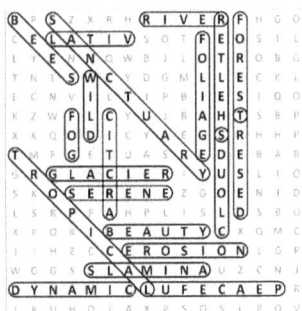

62 - A Empresa

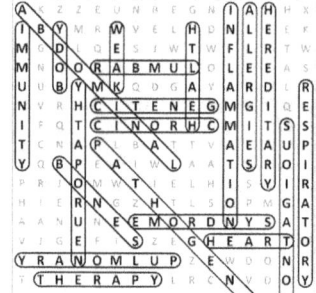

63 - Doença

64 - Aquecimento Global

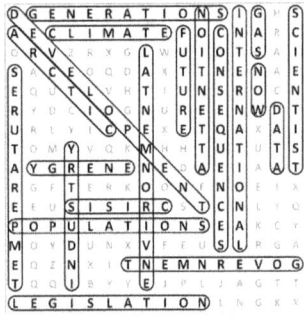

65 - Aviões

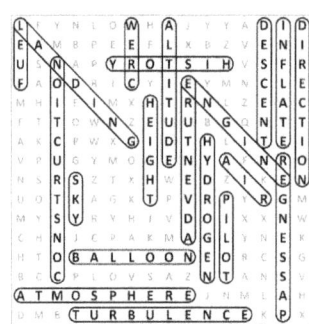

66 - Tipos de Cabelo

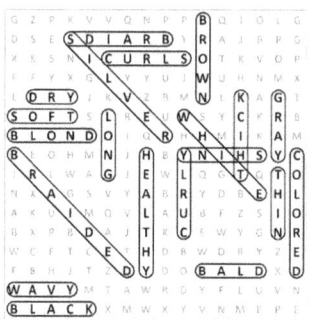

67 - Criatividade

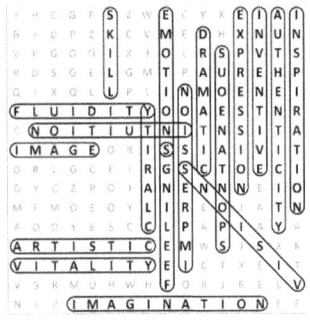

68 - Dias e Meses

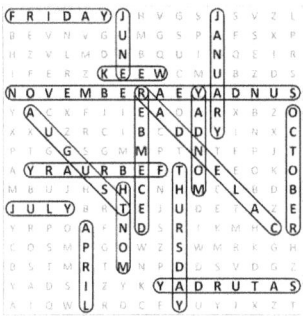

69 - Saúde e Bem Estar #2

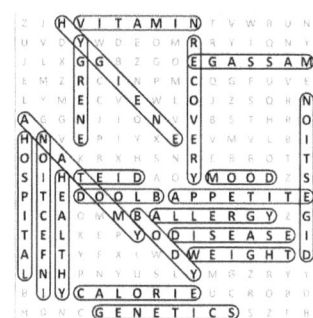

70 - Geografia

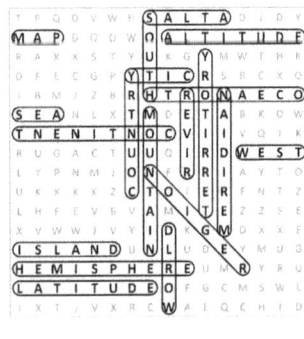

71 - Antártica

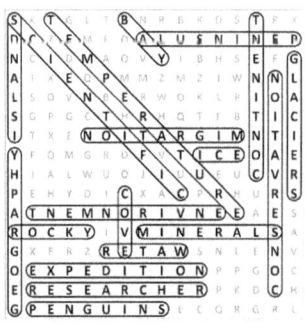

72 - Flores

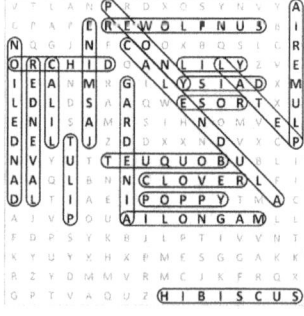

73 - Fazenda #1

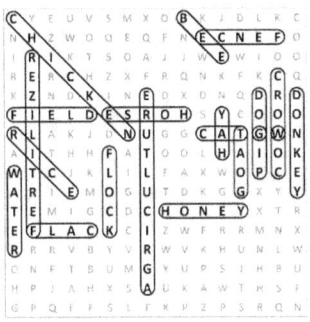

74 - Livros

75 - Chocolate

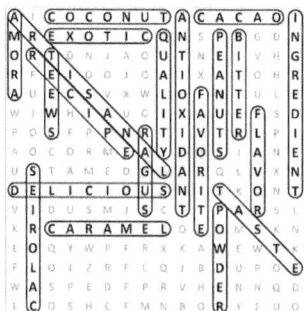

76 - Governo

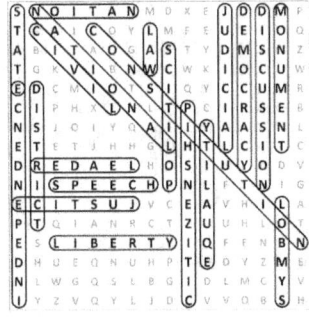

77 - Jardinagem

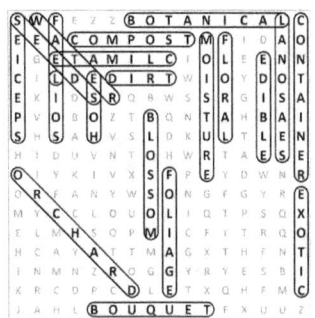

78 - Profissões #2

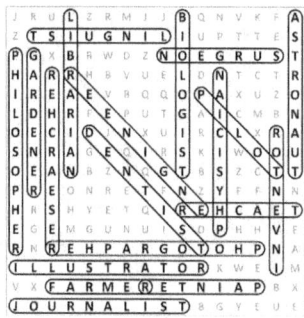

79 - Negócios

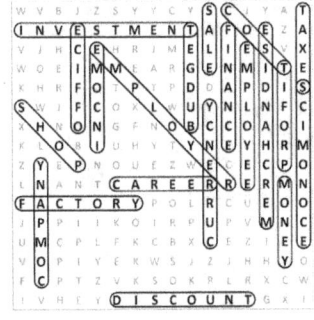

80 - Fazenda #2

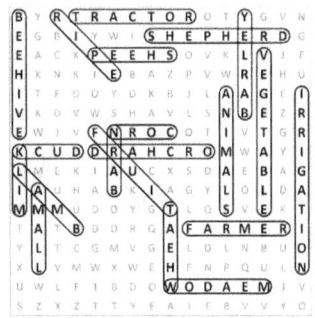

81 - Jardim

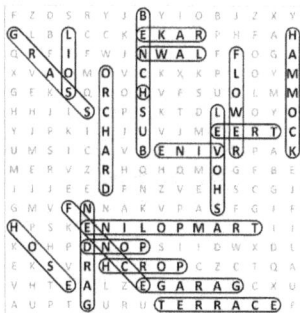

82 - Oceano

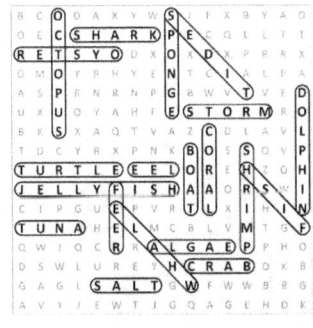

83 - Profissões #1

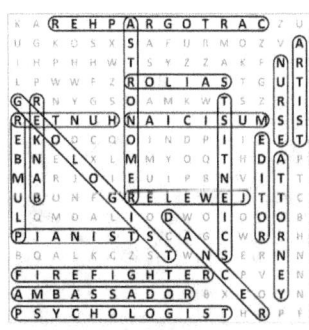

84 - Força e Gravidade

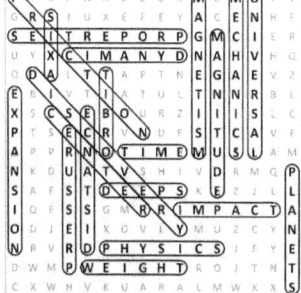

85 - Abelhas

86 - Ciência

87 - Comida #1

88 - Geometria

89 - Pássaros

90 - Literatura

91 - Química

92 - Clima

93 - Arte

94 - Diplomacia

95 - Comida # 2

96 - Universo

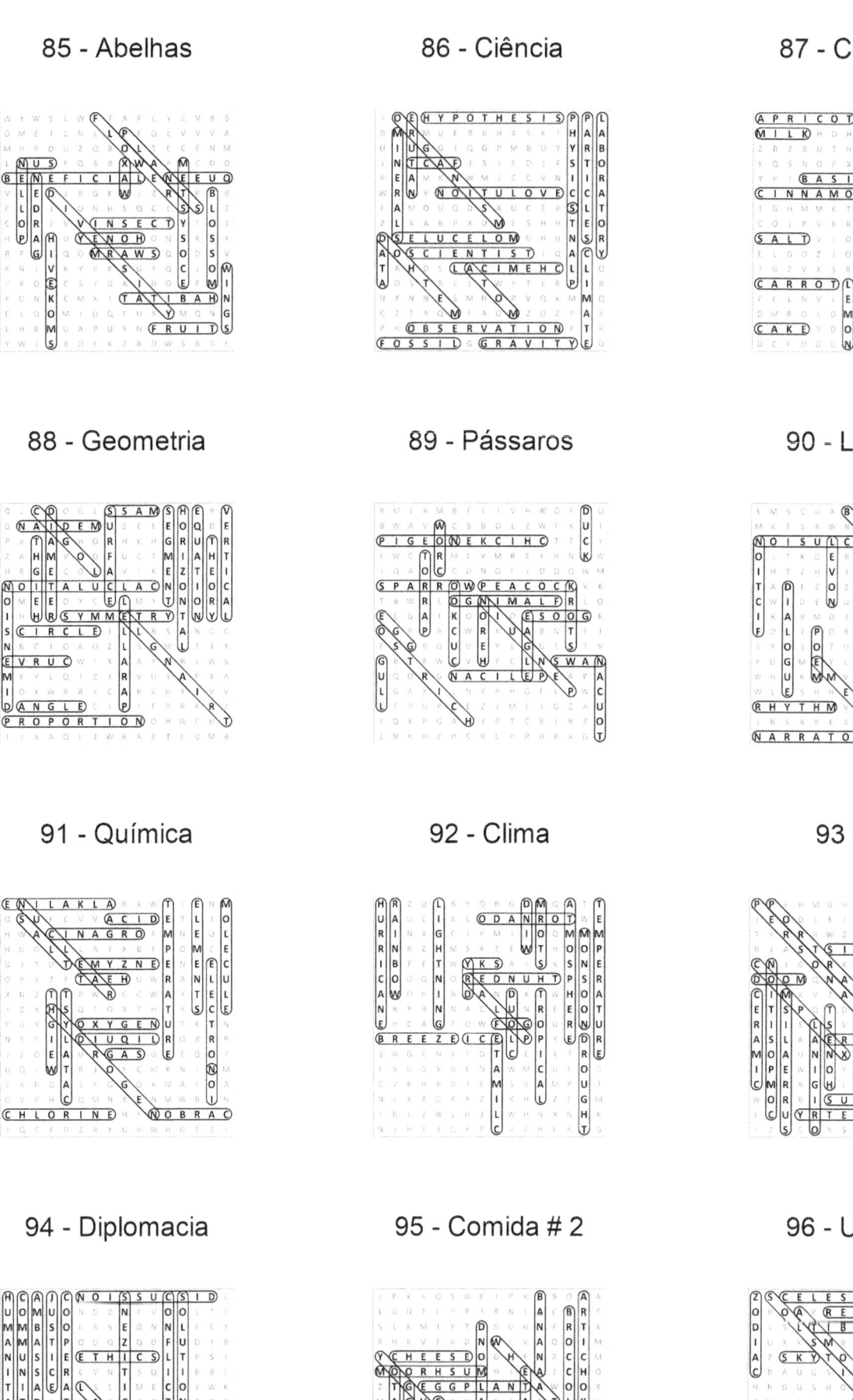

97 - Jazz

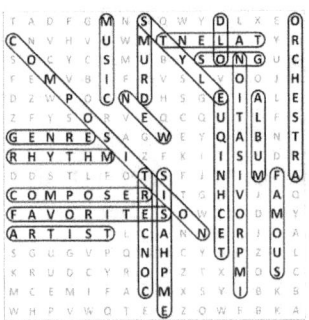

98 - Barcos

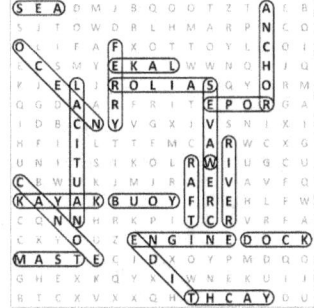

99 - Mamíferos

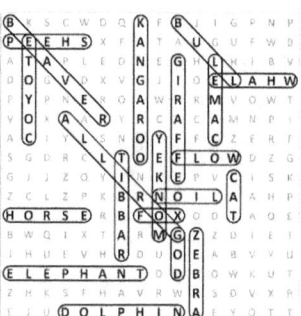

100 - Atividades e Lazer

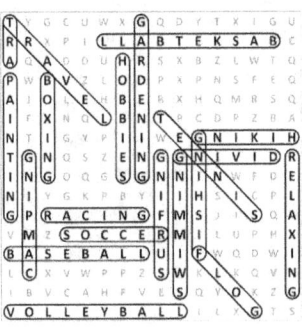

Dicionário

A Empresa
The Company

Apresentação	Presentation
Criativo	Creative
Decisão	Decision
Emprego	Employment
Global	Global
Indústria	Industry
Inovador	Innovative
Investimento	Investment
Negócio	Business
Possibilidade	Possibility
Produto	Product
Profissional	Professional
Progresso	Progress
Qualidade	Quality
Receita	Revenue
Recursos	Resources
Reputação	Reputation
Riscos	Risks
Tendências	Trends
Unidades	Units

A Mídia
The Media

Atitudes	Attitudes
Comercial	Commercial
Comunicação	Communication
Digital	Digital
Edição	Edition
Educação	Education
Fatos	Facts
Financiamento	Funding
Fotos	Photos
Individual	Individual
Indústria	Industry
Intelectual	Intellectual
Jornais	Newspapers
Local	Local
Online	Online
Opinião	Opinion
Público	Public
Rádio	Radio
Rede	Network
Televisão	Television

Abelhas
Bees

Asas	Wings
Benéfico	Beneficial
Cera	Wax
Colmeia	Hive
Diversidade	Diversity
Ecossistema	Ecosystem
Enxame	Swarm
Flor	Blossom
Flores	Flowers
Fruta	Fruit
Fumaça	Smoke
Habitat	Habitat
Inseto	Insect
Jardim	Garden
Mel	Honey
Plantas	Plants
Pólen	Pollen
Rainha	Queen
Sol	Sun

Acampamento
Camping

Animais	Animals
Aventura	Adventure
Árvores	Trees
Bússola	Compass
Cabine	Cabin
Caça	Hunting
Canoa	Canoe
Chapéu	Hat
Corda	Rope
Equipamento	Equipment
Floresta	Forest
Fogo	Fire
Inseto	Insect
Lago	Lake
Lua	Moon
Maca	Hammock
Mapa	Map
Montanha	Mountain
Natureza	Nature
Tenda	Tent

Adjetivos #1
Adjectives #1

Absoluto	Absolute
Aromático	Aromatic
Artístico	Artistic
Atraente	Attractive
Enorme	Huge
Escuro	Dark
Exótico	Exotic
Fino	Thin
Generoso	Generous
Grande	Large
Honesto	Honest
Idêntico	Identical
Importante	Important
Lento	Slow
Misterioso	Mysterious
Moderno	Modern
Perfeito	Perfect
Pesado	Heavy
Sério	Serious
Valioso	Valuable

Adjetivos #2
Adjectives #2

Autêntico	Authentic
Criativo	Creative
Descritivo	Descriptive
Dotado	Gifted
Elegante	Elegant
Famoso	Famous
Forte	Strong
Interessante	Interesting
Natural	Natural
Normal	Normal
Novo	New
Orgulhoso	Proud
Produtivo	Productive
Puro	Pure
Quente	Hot
Responsável	Responsible
Salgado	Salty
Saudável	Healthy
Seco	Dry
Selvagem	Wild

Agronomia
Agronomy

Agricultura	Agriculture
Ambiente	Environment
Água	Water
Ciência	Science
Crescimento	Growth
Doenças	Diseases
Ecologia	Ecology
Energia	Energy
Erosão	Erosion
Fertilizante	Fertilizer
Legumes	Vegetables
Orgânico	Organic
Plantas	Plants
Poluição	Pollution
Produção	Production
Rural	Rural
Sementes	Seeds
Sistemas	Systems
Solo	Soil
Sustentável	Sustainable

Antártica
Antarctica

Ambiente	Environment
Água	Water
Baía	Bay
Científico	Scientific
Conservação	Conservation
Continente	Continent
Enseada	Cove
Expedição	Expedition
Geleiras	Glaciers
Gelo	Ice
Geografia	Geography
Ilhas	Islands
Investigador	Researcher
Migração	Migration
Minerais	Minerals
Península	Peninsula
Pinguins	Penguins
Rochoso	Rocky
Temperatura	Temperature
Topografia	Topography

Antiguidades
Antiques

Arte	Art
Autêntico	Authentic
Decorativo	Decorative
Elegante	Elegant
Entusiasta	Enthusiast
Escultura	Sculpture
Estilo	Style
Galeria	Gallery
Incomum	Unusual
Investimento	Investment
Item	Item
Leilão	Auction
Mobiliário	Furniture
Moedas	Coins
Preço	Price
Qualidade	Quality
Restauração	Restoration
Século	Century
Valor	Value
Velho	Old

Aquecimento Global
Global Warming

Agora	Now
Ambiental	Environmental
Atenção	Attention
Ártico	Arctic
Cientista	Scientist
Clima	Climate
Consequências	Consequences
Crise	Crisis
Dados	Data
Desenvolvimento	Development
Energia	Energy
Futuro	Future
Gás	Gas
Gerações	Generations
Governo	Government
Indústria	Industry
Internacional	International
Legislação	Legislation
Populações	Populations
Temperaturas	Temperatures

Arqueologia
Archeology

Análise	Analysis
Anos	Years
Antiguidade	Antiquity
Avaliação	Evaluation
Civilização	Civilization
Descendente	Descendant
Desconhecido	Unknown
Equipe	Team
Era	Era
Especialista	Expert
Esquecido	Forgotten
Fóssil	Fossil
Investigador	Researcher
Mistério	Mystery
Objetos	Objects
Ossos	Bones
Professor	Professor
Relíquia	Relic
Templo	Temple
Túmulo	Tomb

Arte
Art

Cerâmica	Ceramic
Complexo	Complex
Composição	Composition
Criar	Create
Escultura	Sculpture
Expressão	Expression
Figura	Figure
Honesto	Honest
Humor	Mood
Inspirado	Inspired
Original	Original
Pessoal	Personal
Pinturas	Paintings
Poesia	Poetry
Retratar	Portray
Simples	Simple
Símbolo	Symbol
Sujeito	Subject
Surrealismo	Surrealism
Visual	Visual

Artes Visuais
Visual Arts

Argila	Clay
Arquitetura	Architecture
Artista	Artist
Caneta	Pen
Cavalete	Easel
Cera	Wax
Cerâmica	Ceramics
Composição	Composition
Criatividade	Creativity
Escultura	Sculpture
Estêncil	Stencil
Filme	Film
Fotografia	Photograph
Giz	Chalk
Lápis	Pencil
Obra-Prima	Masterpiece
Perspectiva	Perspective
Pintura	Painting
Retrato	Portrait
Verniz	Varnish

Astronomia
Astronomy

Asteróide	Asteroid
Astronauta	Astronaut
Astrônomo	Astronomer
Céu	Sky
Constelação	Constellation
Cosmos	Cosmos
Eclipse	Eclipse
Equinócio	Equinox
Foguete	Rocket
Gravidade	Gravity
Lua	Moon
Meteoro	Meteor
Nebulosa	Nebula
Observatório	Observatory
Planeta	Planet
Radiação	Radiation
Solar	Solar
Supernova	Supernova
Terra	Earth
Universo	Universe

Atividades e Lazer
Activities and Leisure

Acampamento	Camping
Arte	Art
Basquete	Basketball
Beisebol	Baseball
Boxe	Boxing
Caminhada	Hiking
Corrida	Racing
Futebol	Soccer
Golfe	Golf
Hobbies	Hobbies
Jardinagem	Gardening
Mergulho	Diving
Natação	Swimming
Pesca	Fishing
Pintura	Painting
Relaxante	Relaxing
Surfe	Surfing
Tênis	Tennis
Viagem	Travel
Voleibol	Volleyball

Aventura
Adventure

Alegria	Joy
Amigos	Friends
Atividade	Activity
Beleza	Beauty
Chance	Chance
Desafios	Challenges
Destino	Destination
Dificuldade	Difficulty
Entusiasmo	Enthusiasm
Excursão	Excursion
Incomum	Unusual
Itinerário	Itinerary
Natureza	Nature
Navegação	Navigation
Novo	New
Oportunidade	Opportunity
Perigoso	Dangerous
Preparação	Preparation
Segurança	Safety
Surpreendente	Surprising

Aviões
Airplanes

Altitude	Altitude
Altura	Height
Ar	Air
Aterrissagem	Landing
Atmosfera	Atmosphere
Aventura	Adventure
Balão	Balloon
Céu	Sky
Combustível	Fuel
Construção	Construction
Descida	Descent
Direção	Direction
Hidrogênio	Hydrogen
História	History
Inflar	Inflate
Motor	Engine
Passageiro	Passenger
Piloto	Pilot
Tripulação	Crew
Turbulência	Turbulence

Álgebra
Algebra

Diagrama	Diagram
Equação	Equation
Expoente	Exponent
Falso	False
Fator	Factor
Fórmula	Formula
Fração	Fraction
Infinito	Infinite
Linear	Linear
Matriz	Matrix
Número	Number
Parêntese	Parenthesis
Problema	Problem
Quantidade	Quantity
Simplificar	Simplify
Solução	Solution
Soma	Sum
Subtração	Subtraction
Variável	Variable
Zero	Zero

Balé
Ballet

Aplauso	Applause
Artístico	Artistic
Bailarina	Ballerina
Compositor	Composer
Coreografia	Choreography
Dançarinos	Dancers
Ensaio	Rehearsal
Estilo	Style
Expressivo	Expressive
Gesto	Gesture
Gracioso	Graceful
Habilidade	Skill
Intensidade	Intensity
Música	Music
Orquestra	Orchestra
Prática	Practice
Público	Audience
Ritmo	Rhythm
Solo	Solo
Técnica	Technique

Barcos
Boats

Âncora	Anchor
Balsa	Ferry
Bóia	Buoy
Caiaque	Kayak
Canoa	Canoe
Corda	Rope
Doca	Dock
Iate	Yacht
Jangada	Raft
Lago	Lake
Mar	Sea
Maré	Tide
Marinheiro	Sailor
Mastro	Mast
Motor	Engine
Náutico	Nautical
Oceano	Ocean
Ondas	Waves
Rio	River
Tripulação	Crew

Beleza
Beauty

Batom	Lipstick
Cachos	Curls
Charme	Charm
Cor	Color
Cosméticos	Cosmetics
Elegante	Elegant
Elegância	Elegance
Espelho	Mirror
Estilista	Stylist
Fotogênico	Photogenic
Fragrância	Fragrance
Graça	Grace
Maquiagem	Makeup
Óleos	Oils
Pele	Skin
Produtos	Products
Rímel	Mascara
Serviços	Services
Tesoura	Scissors
Xampu	Shampoo

Biologia
Biology

Anatomia	Anatomy
Bactérias	Bacteria
Célula	Cell
Colagénio	Collagen
Cromossoma	Chromosome
Embrião	Embryo
Enzima	Enzyme
Evolução	Evolution
Hormona	Hormone
Mamífero	Mammal
Mutação	Mutation
Natural	Natural
Nervo	Nerve
Neurônio	Neuron
Osmose	Osmosis
Plantas	Plants
Proteína	Protein
Réptil	Reptile
Simbiose	Symbiosis
Sinapse	Synapse

Caminhada
Hiking

Acampamento	Camping
Animais	Animals
Água	Water
Botas	Boots
Cansado	Tired
Clima	Climate
Guias	Guides
Mapa	Map
Montanha	Mountain
Natureza	Nature
Orientação	Orientation
Parques	Parks
Pedras	Stones
Penhasco	Cliff
Perigos	Hazards
Pesado	Heavy
Preparação	Preparation
Selvagem	Wild
Sol	Sun
Tempo	Weather

Casa
House

Biblioteca	Library
Cerca	Fence
Chaves	Keys
Chuveiro	Shower
Cortinas	Curtains
Cozinha	Kitchen
Espelho	Mirror
Garagem	Garage
Janela	Window
Jardim	Garden
Lareira	Fireplace
Mobiliário	Furniture
Parede	Wall
Porta	Door
Quarto	Room
Sótão	Attic
Tapete	Rug
Teto	Ceiling
Torneira	Faucet
Vassoura	Broom

Chocolate
Chocolate

Açúcar	Sugar
Amargo	Bitter
Amendoins	Peanuts
Antioxidante	Antioxidant
Aroma	Aroma
Artesanal	Artisanal
Cacau	Cacao
Calorias	Calories
Caramelo	Caramel
Coco	Coconut
Delicioso	Delicious
Doce	Sweet
Exótico	Exotic
Favorito	Favorite
Gosto	Taste
Ingrediente	Ingredient
Pó	Powder
Qualidade	Quality
Receita	Recipe
Sabor	Flavor

Churrascos
Barbecues

Almoço	Lunch
Convite	Invitation
Crianças	Children
Facas	Knives
Família	Family
Fome	Hunger
Frango	Chicken
Fruta	Fruit
Grelha	Grill
Jantar	Dinner
Jogos	Games
Legumes	Vegetables
Molho	Sauce
Música	Music
Pimenta	Pepper
Quente	Hot
Sal	Salt
Saladas	Salads
Tomates	Tomatoes
Verão	Summer

Cidade
Town

Aeroporto	Airport
Banco	Bank
Biblioteca	Library
Cinema	Cinema
Escola	School
Estádio	Stadium
Farmácia	Pharmacy
Florista	Florist
Galeria	Gallery
Hotel	Hotel
Jardim Zoológico	Zoo
Livraria	Bookstore
Mercado	Market
Museu	Museum
Padaria	Bakery
Restaurante	Restaurant
Salão	Salon
Supermercado	Supermarket
Teatro	Theater
Universidade	University

Ciência
Science

Átomo	Atom
Cientista	Scientist
Clima	Climate
Dados	Data
Evolução	Evolution
Fato	Fact
Física	Physics
Fóssil	Fossil
Gravidade	Gravity
Hipótese	Hypothesis
Laboratório	Laboratory
Método	Method
Minerais	Minerals
Moléculas	Molecules
Natureza	Nature
Observação	Observation
Organismo	Organism
Partículas	Particles
Plantas	Plants
Químico	Chemical

Clima
Weather

Arco-Íris	Rainbow
Atmosfera	Atmosphere
Brisa	Breeze
Céu	Sky
Clima	Climate
Furacão	Hurricane
Gelo	Ice
Monção	Monsoon
Nevoeiro	Fog
Nuvem	Cloud
Polar	Polar
Relâmpago	Lightning
Seca	Drought
Seco	Dry
Temperatura	Temperature
Tempestade	Storm
Tornado	Tornado
Tropical	Tropical
Trovão	Thunder
Vento	Wind

Comida # 2
Food #2

Alcachofra	Artichoke
Amêndoa	Almond
Arroz	Rice
Banana	Banana
Beringela	Eggplant
Brócolis	Broccoli
Cereja	Cherry
Chocolate	Chocolate
Cogumelo	Mushroom
Frango	Chicken
Iogurte	Yogurt
Kiwi	Kiwi
Maçã	Apple
Ovo	Egg
Peixe	Fish
Presunto	Ham
Queijo	Cheese
Tomate	Tomato
Trigo	Wheat
Uva	Grape

Comida #1
Food #1

Açúcar	Sugar
Alho	Garlic
Amendoim	Peanut
Atum	Tuna
Bolo	Cake
Canela	Cinnamon
Cebola	Onion
Cenoura	Carrot
Cevada	Barley
Damasco	Apricot
Espinafre	Spinach
Leite	Milk
Limão	Lemon
Manjericão	Basil
Morango	Strawberry
Nabo	Turnip
Sal	Salt
Salada	Salad
Sopa	Soup
Suco	Juice

Corpo Humano
Human Body

Boca	Mouth
Cabeça	Head
Cérebro	Brain
Coração	Heart
Cotovelo	Elbow
Dedo	Finger
Joelho	Knee
Mandíbula	Jaw
Mão	Hand
Nariz	Nose
Olho	Eye
Ombro	Shoulder
Orelha	Ear
Pele	Skin
Perna	Leg
Pescoço	Neck
Queixo	Chin
Sangue	Blood
Testa	Forehead
Tornozelo	Ankle

Cozinha
Kitchen

Avental	Apron
Chaleira	Kettle
Colheres	Spoons
Comer	To Eat
Concha	Ladle
Cups	Cups
Especiarias	Spices
Esponja	Sponge
Facas	Knives
Forno	Oven
Freezer	Freezer
Garfos	Forks
Geladeira	Refrigerator
Grelha	Grill
Guardanapo	Napkin
Jar	Jar
Jarro	Jug
Pauzinhos	Chopsticks
Receita	Recipe
Tigela	Bowl

Criatividade
Creativity

Artístico	Artistic
Autenticidade	Authenticity
Clareza	Clarity
Dramático	Dramatic
Emoções	Emotions
Espontânea	Spontaneous
Expressão	Expression
Fluidez	Fluidity
Habilidade	Skill
Imagem	Image
Imaginação	Imagination
Impressão	Impression
Inspiração	Inspiration
Intensidade	Intensity
Intuição	Intuition
Inventivo	Inventive
Sensação	Sensation
Sentimentos	Feelings
Visões	Visions
Vitalidade	Vitality

Dança
Dance

Academia	Academy
Alegre	Joyful
Arte	Art
Clássico	Classical
Coreografia	Choreography
Corpo	Body
Cultura	Culture
Cultural	Cultural
Emoção	Emotion
Ensaio	Rehearsal
Expressivo	Expressive
Graça	Grace
Movimento	Movement
Música	Music
Parceiro	Partner
Postura	Posture
Ritmo	Rhythm
Saltar	Jump
Tradicional	Traditional
Visual	Visual

Dias e Meses
Days and Months

Abril	April
Agosto	August
Ano	Year
Calendário	Calendar
Dezembro	December
Domingo	Sunday
Fevereiro	February
Janeiro	January
Julho	July
Junho	June
Mês	Month
Novembro	November
Outubro	October
Quinta-Feira	Thursday
Sábado	Saturday
Segunda-Feira	Monday
Semana	Week
Setembro	September
Sexta-Feira	Friday
Terça	Tuesday

Diplomacia
Diplomacy

Cidadãos	Citizens
Comunidade	Community
Conflito	Conflict
Consultor	Adviser
Cooperação	Cooperation
Diplomático	Diplomatic
Discussão	Discussion
Embaixada	Embassy
Embaixador	Ambassador
Ética	Ethics
Governo	Government
Humanitário	Humanitarian
Integridade	Integrity
Justiça	Justice
Línguas	Languages
Política	Politics
Resolução	Resolution
Segurança	Security
Solução	Solution
Tratado	Treaty

Dirigindo
Driving

Acidente	Accident
Caminhão	Truck
Carro	Car
Combustível	Fuel
Cuidado	Caution
Estrada	Road
Freios	Brakes
Garagem	Garage
Gás	Gas
Licença	License
Mapa	Map
Motocicleta	Motorcycle
Motor	Motor
Pedestre	Pedestrian
Perigo	Danger
Polícia	Police
Rua	Street
Segurança	Safety
Tráfego	Traffic
Túnel	Tunnel

Disciplinas Científicas
Scientific Disciplines

Anatomia	Anatomy
Arqueologia	Archaeology
Astronomia	Astronomy
Biologia	Biology
Bioquímica	Biochemistry
Botânica	Botany
Cinesiologia	Kinesiology
Ecologia	Ecology
Fisiologia	Physiology
Geologia	Geology
Imunologia	Immunology
Linguística	Linguistics
Mecânica	Mechanics
Meteorologia	Meteorology
Mineralogia	Mineralogy
Neurologia	Neurology
Psicologia	Psychology
Química	Chemistry
Sociologia	Sociology
Zoologia	Zoology

Doença
Disease

Abdominal	Abdominal
Alergias	Allergies
Contagioso	Contagious
Coração	Heart
Corpo	Body
Crônica	Chronic
Fraco	Weak
Genético	Genetic
Hereditário	Hereditary
Imunidade	Immunity
Inflamação	Inflammation
Lombar	Lumbar
Neuropatia	Neuropathy
Ossos	Bones
Patógenos	Pathogens
Pulmonar	Pulmonary
Respiratório	Respiratory
Saúde	Health
Síndrome	Syndrome
Terapia	Therapy

Ecologia
Ecology

Clima	Climate
Comunidades	Communities
Diversidade	Diversity
Fauna	Fauna
Flora	Flora
Global	Global
Habitat	Habitat
Marinho	Marine
Montanhas	Mountains
Natural	Natural
Natureza	Nature
Pântano	Marsh
Plantas	Plants
Recursos	Resources
Seca	Drought
Sobrevivência	Survival
Sustentável	Sustainable
Variedade	Variety
Vegetação	Vegetation
Voluntários	Volunteers

Edifícios
Buildings

Apartamento	Apartment
Castelo	Castle
Celeiro	Barn
Cinema	Cinema
Embaixada	Embassy
Escola	School
Estádio	Stadium
Fazenda	Farm
Fábrica	Factory
Garagem	Garage
Hospital	Hospital
Hotel	Hotel
Laboratório	Laboratory
Museu	Museum
Observatório	Observatory
Supermercado	Supermarket
Teatro	Theater
Tenda	Tent
Torre	Tower
Universidade	University

Energia
Energy

Ambiente	Environment
Bateria	Battery
Calor	Heat
Carbono	Carbon
Combustível	Fuel
Diesel	Diesel
Elétrico	Electric
Elétron	Electron
Entropia	Entropy
Fóton	Photon
Gasolina	Gasoline
Hidrogênio	Hydrogen
Indústria	Industry
Motor	Motor
Nuclear	Nuclear
Poluição	Pollution
Renovável	Renewable
Sol	Sun
Turbina	Turbine
Vento	Wind

Engenharia
Engineering

Atrito	Friction
Ângulo	Angle
Cálculo	Calculation
Construção	Construction
Diagrama	Diagram
Diâmetro	Diameter
Diesel	Diesel
Dimensões	Dimensions
Distribuição	Distribution
Eixo	Axis
Energia	Energy
Estabilidade	Stability
Estrutura	Structure
Força	Strength
Líquido	Liquid
Máquina	Machine
Medição	Measurement
Motor	Motor
Profundidade	Depth
Propulsão	Propulsion

Especiarias
Spices

Açafrão	Saffron
Alcaçuz	Licorice
Alho	Garlic
Amargo	Bitter
Anis	Anise
Azedo	Sour
Baunilha	Vanilla
Canela	Cinnamon
Cardamomo	Cardamom
Caril	Curry
Cebola	Onion
Coentro	Coriander
Cominho	Cumin
Doce	Sweet
Funcho	Fennel
Gengibre	Ginger
Noz-Moscada	Nutmeg
Pimenta	Pepper
Sabor	Flavor
Sal	Salt

Esporte
Sport

Alongamento	Stretching
Atleta	Athlete
Capacidade	Ability
Ciclismo	Cycling
Corpo	Body
Dançando	Dancing
Dieta	Diet
Esportes	Sports
Força	Strength
Jogging	Jogging
Maximizar	Maximize
Metabólico	Metabolic
Músculos	Muscles
Nutrição	Nutrition
Objetivo	Goal
Ossos	Bones
Programa	Program
Resistência	Endurance
Saúde	Health
Treinador	Coach

Ética
Ethics

Altruísmo	Altruism
Bondade	Kindness
Compaixão	Compassion
Cooperação	Cooperation
Dignidade	Dignity
Diplomático	Diplomatic
Filosofia	Philosophy
Honestidade	Honesty
Humanidade	Humanity
Individualismo	Individualism
Integridade	Integrity
Otimismo	Optimism
Paciência	Patience
Racionalidade	Rationality
Razoável	Reasonable
Realismo	Realism
Respeitoso	Respectful
Sabedoria	Wisdom
Tolerância	Tolerance
Valores	Values

Família
Family

Antepassado	Ancestor
Avó	Grandmother
Criança	Child
Crianças	Children
Esposa	Wife
Filha	Daughter
Infância	Childhood
Irmã	Sister
Irmão	Brother
Marido	Husband
Materno	Maternal
Mãe	Mother
Neto	Grandson
Pai	Father
Paterno	Paternal
Primo	Cousin
Sobrinha	Niece
Sobrinho	Nephew
Tia	Aunt
Tio	Uncle

Fazenda #1
Farm #1

Abelha	Bee
Agricultura	Agriculture
Arroz	Rice
Água	Water
Bezerro	Calf
Burro	Donkey
Cabra	Goat
Campo	Field
Cavalo	Horse
Cão	Dog
Cerca	Fence
Corvo	Crow
Feno	Hay
Fertilizante	Fertilizer
Frango	Chicken
Gato	Cat
Mel	Honey
Porco	Pig
Rebanho	Flock
Vaca	Cow

Fazenda #2
Farm #2

Agricultor	Farmer
Animais	Animals
Celeiro	Barn
Cevada	Barley
Colmeia	Beehive
Cordeiro	Lamb
Fruta	Fruit
Irrigação	Irrigation
Leite	Milk
Lhama	Llama
Maduro	Ripe
Milho	Corn
Ovelha	Sheep
Pastor	Shepherd
Pato	Duck
Pomar	Orchard
Prado	Meadow
Trator	Tractor
Trigo	Wheat
Vegetal	Vegetable

Férias #2
Vacation #2

Acampamento	Camping
Aeroporto	Airport
Destino	Destination
Estrangeiro	Foreigner
Feriado	Holiday
Fotos	Photos
Hotel	Hotel
Ilha	Island
Lazer	Leisure
Mapa	Map
Mar	Sea
Montanhas	Mountains
Passaporte	Passport
Praia	Beach
Reservas	Reservations
Restaurante	Restaurant
Táxi	Taxi
Tenda	Tent
Viagem	Journey
Visto	Visa

Ficção Científica
Science Fiction

Atómico	Atomic
Cinema	Cinema
Distante	Distant
Distopia	Dystopia
Explosão	Explosion
Extremo	Extreme
Fantástico	Fantastic
Fogo	Fire
Futurista	Futuristic
Galáxia	Galaxy
Ilusão	Illusion
Imaginário	Imaginary
Livros	Books
Misterioso	Mysterious
Mundo	World
Oráculo	Oracle
Planeta	Planet
Robôs	Robots
Tecnologia	Technology
Utopia	Utopia

Filantropia
Philanthropy

Caridade	Charity
Comunidade	Community
Contatos	Contacts
Crianças	Children
Desafios	Challenges
Finança	Finance
Fundos	Funds
Generosidade	Generosity
Global	Global
Grupos	Groups
História	History
Honestidade	Honesty
Humanidade	Humanity
Juventude	Youth
Missão	Mission
Necessidade	Need
Objetivos	Goals
Pessoas	People
Programas	Programs
Público	Public

Física
Physics

Aceleração	Acceleration
Átomo	Atom
Caos	Chaos
Densidade	Density
Elétron	Electron
Fórmula	Formula
Frequência	Frequency
Gás	Gas
Gravidade	Gravity
Magnetismo	Magnetism
Massa	Mass
Mecânica	Mechanics
Molécula	Molecule
Motor	Engine
Nuclear	Nuclear
Partícula	Particle
Químico	Chemical
Relatividade	Relativity
Universal	Universal
Velocidade	Velocity

Flores
Flowers

Buquê	Bouquet
Calêndula	Calendula
Dente-De-Leão	Dandelion
Gardênia	Gardenia
Girassol	Sunflower
Hibisco	Hibiscus
Jasmim	Jasmine
Lavanda	Lavender
Lilás	Lilac
Lírio	Lily
Magnólia	Magnolia
Margarida	Daisy
Orquídea	Orchid
Papoula	Poppy
Peônia	Peony
Pétala	Petal
Plumeria	Plumeria
Rosa	Rose
Trevo	Clover
Tulipa	Tulip

Floresta Tropical
Rainforest

Anfíbios	Amphibians
Botânico	Botanical
Clima	Climate
Comunidade	Community
Diversidade	Diversity
Espécies	Species
Indígena	Indigenous
Insetos	Insects
Mamíferos	Mammals
Musgo	Moss
Natureza	Nature
Nuvens	Clouds
Pássaros	Birds
Preservação	Preservation
Refúgio	Refuge
Respeito	Respect
Restauração	Restoration
Selva	Jungle
Sobrevivência	Survival
Valioso	Valuable

Força e Gravidade
Force and Gravity

Atrito	Friction
Centro	Center
Descoberta	Discovery
Dinâmico	Dynamic
Distância	Distance
Eixo	Axis
Expansão	Expansion
Física	Physics
Impacto	Impact
Magnetismo	Magnetism
Magnitude	Magnitude
Mecânica	Mechanics
Órbita	Orbit
Peso	Weight
Planetas	Planets
Pressão	Pressure
Propriedades	Properties
Rapidez	Speed
Tempo	Time
Universal	Universal

Frutas
Fruit

Abacate	Avocado
Abacaxi	Pineapple
Amora	Blackberry
Baga	Berry
Banana	Banana
Cereja	Cherry
Coco	Coconut
Damasco	Apricot
Figo	Fig
Framboesa	Raspberry
Kiwi	Kiwi
Laranja	Orange
Limão	Lemon
Maçã	Apple
Mamão	Papaya
Manga	Mango
Nectarina	Nectarine
Pera	Pear
Pêssego	Peach
Uva	Grape

Geografia
Geography

Altitude	Altitude
Atlas	Atlas
Cidade	City
Continente	Continent
Hemisfério	Hemisphere
Ilha	Island
Latitude	Latitude
Mapa	Map
Mar	Sea
Meridiano	Meridian
Montanha	Mountain
Mundo	World
Norte	North
Oceano	Ocean
Oeste	West
País	Country
Região	Region
Rio	River
Sul	South
Território	Territory

Geologia
Geology

Ácido	Acid
Camada	Layer
Caverna	Cavern
Cálcio	Calcium
Continente	Continent
Coral	Coral
Cristais	Crystals
Erosão	Erosion
Estalactite	Stalactite
Estalagmites	Stalagmites
Fóssil	Fossil
Lava	Lava
Minerais	Minerals
Pedra	Stone
Platô	Plateau
Quartzo	Quartz
Sal	Salt
Terremoto	Earthquake
Vulcão	Volcano
Zona	Zone

Geometria
Geometry

Altura	Height
Ângulo	Angle
Cálculo	Calculation
Círculo	Circle
Curva	Curve
Diâmetro	Diameter
Dimensão	Dimension
Equação	Equation
Horizontal	Horizontal
Lógica	Logic
Massa	Mass
Mediana	Median
Paralelo	Parallel
Proporção	Proportion
Segmento	Segment
Simetria	Symmetry
Superfície	Surface
Teoria	Theory
Triângulo	Triangle
Vertical	Vertical

Governo
Government

Cidadania	Citizenship
Civil	Civil
Constituição	Constitution
Democracia	Democracy
Discurso	Speech
Discussão	Discussion
Distrito	District
Estado	State
Igualdade	Equality
Independência	Independence
Judicial	Judicial
Justiça	Justice
Lei	Law
Liberdade	Liberty
Líder	Leader
Monumento	Monument
Nacional	National
Nação	Nation
Política	Politics
Símbolo	Symbol

Herbalismo
Herbalism

Açafrão	Saffron
Alecrim	Rosemary
Alho	Garlic
Aromático	Aromatic
Benéfico	Beneficial
Coentro	Coriander
Estragão	Tarragon
Flor	Flower
Funcho	Fennel
Ingrediente	Ingredient
Jardim	Garden
Lavanda	Lavender
Manjericão	Basil
Manjerona	Marjoram
Planta	Plant
Qualidade	Quality
Sabor	Flavor
Salsa	Parsley
Tomilho	Thyme
Verde	Green

Instrumentos Musicais
Musical Instruments

Bandolim	Mandolin
Banjo	Banjo
Clarinete	Clarinet
Fagote	Bassoon
Flauta	Flute
Gaita	Harmonica
Gongo	Gong
Harpa	Harp
Marimba	Marimba
Oboé	Oboe
Pandeiro	Tambourine
Percussão	Percussion
Piano	Piano
Saxofone	Saxophone
Tambor	Drum
Trombone	Trombone
Trompete	Trumpet
Violão	Guitar
Violino	Violin
Violoncelo	Cello

Jardim
Garden

Ancinho	Rake
Arbusto	Bush
Árvore	Tree
Banco	Bench
Cerca	Fence
Flor	Flower
Garagem	Garage
Grama	Grass
Gramado	Lawn
Jardim	Garden
Lagoa	Pond
Maca	Hammock
Mangueira	Hose
Pá	Shovel
Pomar	Orchard
Solo	Soil
Terraço	Terrace
Trampolim	Trampoline
Varanda	Porch
Videira	Vine

Jardinagem
Gardening

Água	Water
Botânico	Botanical
Buquê	Bouquet
Clima	Climate
Comestível	Edible
Composto	Compost
Espécies	Species
Exótico	Exotic
Flor	Blossom
Floral	Floral
Folha	Leaf
Folhagem	Foliage
Mangueira	Hose
Pomar	Orchard
Recipiente	Container
Sazonal	Seasonal
Sementes	Seeds
Solo	Soil
Sujeira	Dirt
Umidade	Moisture

Jazz
Jazz

Artista	Artist
Álbum	Album
Bateria	Drums
Canção	Song
Composição	Composition
Compositor	Composer
Concerto	Concert
Estilo	Style
Ênfase	Emphasis
Famoso	Famous
Favoritos	Favorites
Gênero	Genre
Improvisação	Improvisation
Música	Music
Novo	New
Orquestra	Orchestra
Ritmo	Rhythm
Talento	Talent
Técnica	Technique
Velho	Old

Literatura
Literature

Analogia	Analogy
Análise	Analysis
Anedota	Anecdote
Autor	Author
Biografia	Biography
Comparação	Comparison
Conclusão	Conclusion
Descrição	Description
Diálogo	Dialogue
Estilo	Style
Ficção	Fiction
Metáfora	Metaphor
Narrador	Narrator
Opinião	Opinion
Poema	Poem
Rima	Rhyme
Ritmo	Rhythm
Romance	Novel
Tema	Theme
Tragédia	Tragedy

Livros
Books

Autor	Author
Aventura	Adventure
Coleção	Collection
Contexto	Context
Dualidade	Duality
Escrito	Written
Épico	Epic
História	Story
Histórico	Historical
Inventivo	Inventive
Leitor	Reader
Literário	Literary
Narrador	Narrator
Página	Page
Poema	Poem
Poesia	Poetry
Relevante	Relevant
Romance	Novel
Série	Series
Trágico	Tragic

Mamíferos
Mammals

Baleia	Whale
Camelo	Camel
Canguru	Kangaroo
Castor	Beaver
Cavalo	Horse
Cão	Dog
Coelho	Rabbit
Coiote	Coyote
Elefante	Elephant
Gato	Cat
Girafa	Giraffe
Golfinho	Dolphin
Gorila	Gorilla
Leão	Lion
Lobo	Wolf
Macaco	Monkey
Ovelha	Sheep
Raposa	Fox
Touro	Bull
Zebra	Zebra

Matemática
Math

Aritmética	Arithmetic
Ângulos	Angles
Circunferência	Circumference
Decimal	Decimal
Diâmetro	Diameter
Equação	Equation
Expoente	Exponent
Fração	Fraction
Geometria	Geometry
Paralelo	Parallel
Paralelogramo	Parallelogram
Perímetro	Perimeter
Perpendicular	Perpendicular
Polígono	Polygon
Raio	Radius
Retângulo	Rectangle
Simetria	Symmetry
Soma	Sum
Triângulo	Triangle
Volume	Volume

Material de Arte
Art Supplies

Acrílico	Acrylic
Apagador	Eraser
Aquarelas	Watercolors
Argila	Clay
Água	Water
Cadeira	Chair
Carvão	Charcoal
Cavalete	Easel
Câmera	Camera
Cola	Glue
Cores	Colors
Criatividade	Creativity
Escovas	Brushes
Lápis	Pencils
Mesa	Table
Óleo	Oil
Papel	Paper
Pastels	Pastels
Tinta	Ink
Tintas	Paints

Medições
Measurements

Altura	Height
Byte	Byte
Centímetro	Centimeter
Comprimento	Length
Decimal	Decimal
Grama	Gram
Grau	Degree
Largura	Width
Litro	Liter
Massa	Mass
Metro	Meter
Minuto	Minute
Onça	Ounce
Peso	Weight
Polegada	Inch
Profundidade	Depth
Quilograma	Kilogram
Quilômetro	Kilometer
Tonelada	Ton
Volume	Volume

Meditação
Meditation

Aceitação	Acceptance
Acordado	Awake
Atenção	Attention
Bondade	Kindness
Clareza	Clarity
Compaixão	Compassion
Emoções	Emotions
Ensinamentos	Teachings
Gratidão	Gratitude
Mental	Mental
Mente	Mind
Movimento	Movement
Música	Music
Natureza	Nature
Observação	Observation
Paz	Peace
Pensamentos	Thoughts
Perspectiva	Perspective
Postura	Posture
Silêncio	Silence

Mitologia
Mythology

Arquétipo	Archetype
Ciúmes	Jealousy
Comportamento	Behavior
Criação	Creation
Criatura	Creature
Cultura	Culture
Desastre	Disaster
Força	Strength
Guerreiro	Warrior
Heroína	Heroine
Herói	Hero
Imortalidade	Immortality
Labirinto	Labyrinth
Lenda	Legend
Mágico	Magical
Monstro	Monster
Mortal	Mortal
Relâmpago	Lightning
Trovão	Thunder
Vingança	Revenge

Moda
Fashion

Acessível	Affordable
Bordado	Embroidery
Botões	Buttons
Boutique	Boutique
Caro	Expensive
Confortável	Comfortable
Elegante	Elegant
Estilo	Style
Medidas	Measurements
Minimalista	Minimalist
Moderno	Modern
Modesto	Modest
Original	Original
Prático	Practical
Renda	Lace
Roupa	Clothing
Simples	Simple
Tecido	Fabric
Tendência	Trend
Textura	Texture

Música
Music

Álbum	Album
Balada	Ballad
Cantar	Sing
Cantor	Singer
Clássico	Classical
Coro	Chorus
Gravação	Recording
Harmonia	Harmony
Improvisar	Improvise
Instrumento	Instrument
Lírico	Lyrical
Melodia	Melody
Microfone	Microphone
Musical	Musical
Músico	Musician
Ópera	Opera
Poético	Poetic
Ritmo	Rhythm
Tempo	Tempo
Vocal	Vocal

Natureza
Nature

Abelhas	Bees
Abrigo	Shelter
Animais	Animals
Ártico	Arctic
Beleza	Beauty
Deserto	Desert
Dinâmico	Dynamic
Erosão	Erosion
Floresta	Forest
Folhagem	Foliage
Geleira	Glacier
Nevoeiro	Fog
Nuvens	Clouds
Pacífico	Peaceful
Rio	River
Santuário	Sanctuary
Selvagem	Wild
Sereno	Serene
Tropical	Tropical
Vital	Vital

Negócios
Business

Carreira	Career
Custo	Cost
Desconto	Discount
Dinheiro	Money
Economia	Economics
Empregado	Employee
Empregador	Employer
Empresa	Company
Escritório	Office
Fábrica	Factory
Finança	Finance
Impostos	Taxes
Investimento	Investment
Loja	Shop
Lucro	Profit
Mercadoria	Merchandise
Moeda	Currency
Orçamento	Budget
Rendimento	Income
Venda	Sale

Nutrição
Nutrition

Amargo	Bitter
Apetite	Appetite
Calorias	Calories
Carboidratos	Carbohydrates
Comestível	Edible
Dieta	Diet
Digestão	Digestion
Equilibrado	Balanced
Fermentação	Fermentation
Líquidos	Liquids
Molho	Sauce
Nutriente	Nutrient
Peso	Weight
Proteínas	Proteins
Qualidade	Quality
Sabor	Flavor
Saudável	Healthy
Saúde	Health
Toxina	Toxin
Vitamina	Vitamin

Números
Numbers

Cinco	Five
Decimal	Decimal
Dez	Ten
Dezesseis	Sixteen
Dezessete	Seventeen
Dezoito	Eighteen
Dois	Two
Doze	Twelve
Nove	Nine
Oito	Eight
Quatorze	Fourteen
Quatro	Four
Quinze	Fifteen
Seis	Six
Sete	Seven
Treze	Thirteen
Três	Three
Um	One
Vinte	Twenty
Zero	Zero

Oceano
Ocean

Alga	Algae
Atum	Tuna
Baleia	Whale
Barco	Boat
Camarão	Shrimp
Caranguejo	Crab
Coral	Coral
Enguia	Eel
Esponja	Sponge
Golfinho	Dolphin
Marés	Tides
Medusa	Jellyfish
Ostra	Oyster
Peixe	Fish
Polvo	Octopus
Recife	Reef
Sal	Salt
Tartaruga	Turtle
Tempestade	Storm
Tubarão	Shark

Paisagens
Landscapes

Cascata	Waterfall
Caverna	Cave
Colina	Hill
Deserto	Desert
Geleira	Glacier
Golfo	Gulf
Iceberg	Iceberg
Ilha	Island
Lago	Lake
Mar	Sea
Montanha	Mountain
Oásis	Oasis
Oceano	Ocean
Pântano	Swamp
Península	Peninsula
Praia	Beach
Rio	River
Tundra	Tundra
Vale	Valley
Vulcão	Volcano

Países #1
Countries #1

Alemanha	Germany
Brasil	Brazil
Camboja	Cambodia
Canadá	Canada
Egito	Egypt
Equador	Ecuador
Espanha	Spain
Finlândia	Finland
Iraque	Iraq
Israel	Israel
Itália	Italy
Índia	India
Mali	Mali
Marrocos	Morocco
Nicarágua	Nicaragua
Noruega	Norway
Panamá	Panama
Polônia	Poland
Senegal	Senegal
Venezuela	Venezuela

Países #2
Countries #2

Albânia	Albania
Dinamarca	Denmark
França	France
Grécia	Greece
Haiti	Haiti
Indonésia	Indonesia
Irlanda	Ireland
Jamaica	Jamaica
Japão	Japan
Laos	Laos
Líbano	Lebanon
México	Mexico
Nepal	Nepal
Nigéria	Nigeria
Paquistão	Pakistan
Rússia	Russia
Síria	Syria
Somália	Somalia
Ucrânia	Ukraine
Uganda	Uganda

Pássaros
Birds

Avestruz	Ostrich
Águia	Eagle
Cegonha	Stork
Cisne	Swan
Corvo	Crow
Cuco	Cuckoo
Flamingo	Flamingo
Frango	Chicken
Gaivota	Gull
Ganso	Goose
Garça	Heron
Ovo	Egg
Papagaio	Parrot
Pardal	Sparrow
Pato	Duck
Pavão	Peacock
Pelicano	Pelican
Pinguim	Penguin
Pombo	Pigeon
Tucano	Toucan

Plantas
Plants

Arbusto	Bush
Árvore	Tree
Baga	Berry
Bambu	Bamboo
Botânica	Botany
Cacto	Cactus
Erva	Herb
Feijão	Bean
Fertilizante	Fertilizer
Flor	Flower
Flora	Flora
Floresta	Forest
Folhagem	Foliage
Grama	Grass
Hera	Ivy
Jardim	Garden
Musgo	Moss
Pétala	Petal
Raiz	Root
Vegetação	Vegetation

Profissões #1
Professions #1

Advogado	Attorney
Artista	Artist
Astrônomo	Astronomer
Banqueiro	Banker
Bombeiro	Firefighter
Caçador	Hunter
Cartógrafo	Cartographer
Cientista	Scientist
Dançarino	Dancer
Editor	Editor
Embaixador	Ambassador
Encanador	Plumber
Enfermeira	Nurse
Geólogo	Geologist
Joalheiro	Jeweler
Marinheiro	Sailor
Músico	Musician
Pianista	Pianist
Psicólogo	Psychologist
Veterinário	Veterinarian

Profissões #2
Professions #2

Agricultor	Farmer
Astronauta	Astronaut
Bibliotecário	Librarian
Biólogo	Biologist
Cirurgião	Surgeon
Dentista	Dentist
Engenheiro	Engineer
Filósofo	Philosopher
Fotógrafo	Photographer
Ilustrador	Illustrator
Inventor	Inventor
Investigador	Researcher
Jardineiro	Gardener
Jornalista	Journalist
Linguista	Linguist
Médico	Physician
Piloto	Pilot
Pintor	Painter
Professor	Teacher
Zoólogo	Zoologist

Psicologia
Psychology

Avaliação	Assessment
Clínico	Clinical
Comportamento	Behavior
Compromisso	Appointment
Conflito	Conflict
Ego	Ego
Emoções	Emotions
Experiências	Experiences
Inconsciente	Unconscious
Infância	Childhood
Influências	Influences
Pensamentos	Thoughts
Percepção	Perception
Personalidade	Personality
Problema	Problem
Realidade	Reality
Sensação	Sensation
Sonhos	Dreams
Subconsciente	Subconscious
Terapia	Therapy

Química
Chemistry

Alcalino	Alkaline
Ácido	Acid
Calor	Heat
Carbono	Carbon
Catalisador	Catalyst
Cloro	Chlorine
Elementos	Elements
Elétron	Electron
Enzima	Enzyme
Gás	Gas
Hidrogênio	Hydrogen
Íon	Ion
Líquido	Liquid
Molécula	Molecule
Nuclear	Nuclear
Orgânico	Organic
Oxigénio	Oxygen
Peso	Weight
Sal	Salt
Temperatura	Temperature

Restaurante # 2
Restaurant #2

Almoço	Lunch
Aperitivo	Appetizer
Água	Water
Bebida	Beverage
Bolo	Cake
Cadeira	Chair
Colher	Spoon
Delicioso	Delicious
Especiarias	Spices
Fruta	Fruit
Garçom	Waiter
Garfo	Fork
Gelo	Ice
Jantar	Dinner
Legumes	Vegetables
Macarrão	Noodles
Peixe	Fish
Sal	Salt
Salada	Salad
Sopa	Soup

Roupas
Clothes

Avental	Apron
Blusa	Blouse
Calça	Pants
Camisa	Shirt
Casaco	Coat
Chapéu	Hat
Cinto	Belt
Colar	Necklace
Jaqueta	Jacket
Jeans	Jeans
Luvas	Gloves
Meias	Socks
Moda	Fashion
Pijama	Pajamas
Pulseira	Bracelet
Saia	Skirt
Sandálias	Sandals
Sapato	Shoe
Suéter	Sweater
Vestido	Dress

Saúde e Bem-Estar #1
Health and Wellness #1

Altura	Height
Ativo	Active
Bactérias	Bacteria
Clínica	Clinic
Doutor	Doctor
Farmácia	Pharmacy
Fome	Hunger
Fratura	Fracture
Hábito	Habit
Hormones	Hormones
Medicina	Medicine
Nervos	Nerves
Ossos	Bones
Pele	Skin
Postura	Posture
Reflexo	Reflex
Relaxamento	Relaxation
Terapia	Therapy
Tratamento	Treatment
Vírus	Virus

Saúde e Bem-Estar #2
Health and Wellness #2

Alergia	Allergy
Anatomia	Anatomy
Apetite	Appetite
Caloria	Calorie
Corpo	Body
Dieta	Diet
Digestão	Digestion
Doença	Disease
Energia	Energy
Genética	Genetics
Higiene	Hygiene
Hospital	Hospital
Humor	Mood
Infecção	Infection
Massagem	Massage
Peso	Weight
Recuperação	Recovery
Sangue	Blood
Saudável	Healthy
Vitamina	Vitamin

Tempo
Time

Agora	Now
Ano	Year
Antes	Before
Anual	Annual
Calendário	Calendar
Década	Decade
Dia	Day
Futuro	Future
Hoje	Today
Hora	Hour
Manhã	Morning
Meio-Dia	Noon
Mês	Month
Minuto	Minute
Momento	Moment
Noite	Night
Ontem	Yesterday
Relógio	Clock
Semana	Week
Século	Century

Tipos de Cabelo
Hair Types

Branco	White
Brilhante	Shiny
Cachos	Curls
Careca	Bald
Cinza	Gray
Colori	Colored
Encaracolado	Curly
Fino	Thin
Grosso	Thick
Loiro	Blond
Longo	Long
Marrom	Brown
Ondulado	Wavy
Prata	Silver
Preto	Black
Saudável	Healthy
Seco	Dry
Suave	Soft
Trançado	Braided
Tranças	Braids

Universo
Universe

Asteróide	Asteroid
Astronomia	Astronomy
Astrônomo	Astronomer
Atmosfera	Atmosphere
Celestial	Celestial
Céu	Sky
Cósmico	Cosmic
Equador	Equator
Galáxia	Galaxy
Hemisfério	Hemisphere
Horizonte	Horizon
Latitude	Latitude
Longitude	Longitude
Lua	Moon
Órbita	Orbit
Solar	Solar
Solstício	Solstice
Telescópio	Telescope
Visível	Visible
Zodíaco	Zodiac

Vegetais
Vegetables

Abóbora	Pumpkin
Aipo	Celery
Alcachofra	Artichoke
Alho	Garlic
Batata	Potato
Beringela	Eggplant
Brócolis	Broccoli
Cebola	Onion
Cenoura	Carrot
Chalota	Shallot
Cogumelo	Mushroom
Ervilha	Pea
Espinafre	Spinach
Gengibre	Ginger
Nabo	Turnip
Pepino	Cucumber
Rabanete	Radish
Salada	Salad
Salsa	Parsley
Tomate	Tomato

Veículos
Vehicles

Ambulância	Ambulance
Avião	Airplane
Balsa	Ferry
Barco	Boat
Bicicleta	Bicycle
Caminhão	Truck
Caravana	Caravan
Carro	Car
Foguete	Rocket
Helicóptero	Helicopter
Jangada	Raft
Lambreta	Scooter
Metrô	Subway
Motor	Motor
Ônibus	Bus
Pneus	Tires
Submarino	Submarine
Táxi	Taxi
Transporte	Shuttle
Trator	Tractor

Parabéns

Conseguiu!

Esperamos que tenha gostado tanto deste livro como nós gostamos de o desenhar. Esforçamo-nos por criar livros da mais alta qualidade possível.
Esta edição foi concebida para proporcionar uma aprendizagem inteligente, de qualidade e divertida!

Gostou deste livro?

Um simples pedido

Estes livros existem graças às críticas que publica.
Pode ajudar-nos, deixando agora uma revisão?

Aqui está um pequeno link para
a sua página de revisão:

BestBooksActivity.com/Avaliacoes50

DESAFIO FINAL!

Desafio n° 1

Está pronto para o seu jogo grátis? Usamo-los a toda a hora, mas não são tão fáceis de encontrar - aqui estão os **Sinônimos!**
Escreva 5 palavras que encontrou nos puzzles (n° 21, n° 36, n° 76) e tente encontrar 2 sinónimos para cada palavra.

Escreva 5 palavras de *Puzzle 21*

Palavras	Sinônimo 1	Sinônimo 2

Escreva 5 palavras de *Puzzle 36*

Palavras	Sinônimo 1	Sinônimo 2

Escreva 5 palavras de *Puzzle 76*

Palavras	Sinônimo 1	Sinônimo 2

Desafio n° 2

Agora que já aqueceu, escreva 5 palavras que encontrou nos Puzzles (n° 9, n° 17 e n° 25) e tente encontrar 2 antônimos para cada palavra. Quantos se podem encontrar em 20 minutos?

Escreva 5 palavras de **Puzzle 9**

Palavras	Antônimo 1	Antônimo 2

Escreva 5 palavras de **Puzzle 17**

Palavras	Antônimo 1	Antônimo 2

Escreva 5 palavras de **Puzzle 25**

Palavras	Antônimo 1	Antônimo 2

Desafio nº 3

Óptimo! Este desafio final   não é nada para si.

Pronto para o desafio final? Escolha 10 palavras que tenha descoberto nos diferentes puzzles e escreva-as abaixo.

1.	6.
2.	7.
3.	8.
4.	9.
5.	10.

Agora escreva um texto a pensar numa pessoa, num animal ou num lugar de seu agrado.

Pode utilizar a última página deste livro como um rascunho.

A Sua Composição:

CADERNO DE NOTAS:

ATÉ BREVE!

A equipa Inteira

DESCUBRA JOGOS GRATUITOS

GO

↓

BESTACTIVITYBOOKS.COM/FREEGAMES